Depression, Trauma und Ängste

Sven J. Matten · Markus J. Pausch

Depression, Trauma und Ängste

In Management und Öffentlichkeit

 Springer

Sven J. Matten
München, Deutschland

Markus J. Pausch
München, Deutschland

ISBN 978-3-658-43965-1   ISBN 978-3-658-43966-8   (eBook)
https://doi.org/10.1007/978-3-658-43966-8

Die Deutsche Nationalbibliothek verzeichnet diese Publikation in der Deutschen Nationalbibliografie; detaillierte bibliografische Daten sind im Internet über https://portal.dnb.de abrufbar.

Planung/Lektorat: Eva Brechtel-Wahl
Springer ist ein Imprint der eingetragenen Gesellschaft Springer Fachmedien Wiesbaden GmbH und ist ein Teil von Springer Nature.
Die Anschrift der Gesellschaft ist: Abraham-Lincoln-Str. 46, 65189 Wiesbaden, Germany

Das Papier dieses Produkts ist recyclebar.

Inhaltsverzeichnis

Ziel dieses Ratgebers für Betroffene, Angehörige und professionelle Helfer

In dieser Veröffentlichung möchten wir über ein Thema sprechen, das in vielen Top-Management-Kreisen oft ein Tabu ist: die Notwendigkeit psychologischer Unterstützung für Top-Manager, Vorstandsvorsitzende und Aufsichtsräte sowie generell in der Öffentlichkeit stehende Personen. In vielen Ländern ist es längst üblich, psychologische Betreuung in Führungspositionen in Anspruch zu nehmen. In anderen hingegen herrscht immer noch eine gewisse Zurückhaltung in dieser Hinsicht. In diesem Buch möchten wir psychologische Dynamiken beleuchten und praktische Lösungsmöglichkeiten aufzeigen. Auch Top-Managern muss es nicht unmöglich erscheinen, psychologische Hilfe zu suchen. Vermeintliche Schwächen können zu individuellen Stärken entwickelt werden.

1. Kulturelle Faktoren und Stigma:

   Nicht nur Deutschland hat eine lange Geschichte der Arbeitsethik und Selbstbeherrschung. Es besteht immer noch ein gewisses Stigma, das damit verbunden ist, Schwächen oder Unsicherheiten zuzugeben. Top-Manager werden oft als „starke" und „unerschütterliche" Persönlichkeiten angesehen. Das Eingeständnis von psychischen Problemen kann als Zeichen von Schwäche interpretiert werden.

2. Hoher Leistungsdruck:

   Top-Manager sind einem enormen Druck ausgesetzt, um Ergebnisse zu erzielen und ständig Spitzenleistungen zu erbringen. Dieser Druck kann zu hohem Stress und psychischer Belastung führen. Trotzdem haben viele das Gefühl, dass sie diesen Druck alleine bewältigen müssen, da sie in Führungspositionen stehen und von ihnen erwartet wird, sich stets unter Kontrolle zu haben.

S. J. Matten und M. J. Pausch, *Depression, Trauma und Ängste*, https://doi.org/10.1007/978-3-658-43966-8_1

3. Fehlende Zeit und Priorisierung:

   Top-Manager führen oft ein sehr arbeitsintensives Leben und haben nur begrenzte Zeitressourcen. Psychologische Unterstützung erfordert Zeit und Engagement, das viele nicht aufbringen wollen oder können. Andere berufliche Verpflichtungen werden oft als wichtiger angesehen.

4. Risiko für den beruflichen Ruf:

   Die Offenlegung von psychischen Problemen kann als Risiko für den beruflichen Ruf angesehen werden. In der Geschäftswelt gibt es immer noch Vorurteile gegenüber Personen, die psychologische Hilfe in Anspruch nehmen. Dies kann zu Bedenken führen, dass die Karriere darunter leidet.

5. Mangel an Bewusstsein und Bildung:

   In Deutschland wie auch in vielen weiteren Ländern gibt es immer noch einen Mangel an Bewusstsein und Bildung in Bezug auf psychische Gesundheit. Die Bedeutung von Prävention und frühzeitiger Intervention wird oft übersehen. Dies erschwert es Top-Managern, die Zeichen psychischer Belastung zu erkennen und angemessen darauf zu reagieren.

6. Fehlende betriebliche Strukturen:

   Unternehmen haben oft keine klaren Strukturen oder Programme zur Unterstützung der psychischen Gesundheit ihrer Führungskräfte. Dies macht es schwierig, den Prozess der psychologischen Unterstützung zu initiieren. Selbst wenn solch Strukturen bereits etabliert sind, können diese von der obersten Führungsebene zumeist nicht genutzt werden. Die Problematik beginnt bei der Vertraulichkeit der besprochenen Inhalte, geht über die Abrechnung der entsprechenden Krankenversicherung oder stellt sich spätestens in der nächsten konfliktbelasteten Sitzung, in der unliebsame Entscheidungen getroffen werden müssen, da sich derjenige gegebenenfalls angreifbar gemacht hat.

7. Lösungsansätze und Empfehlungen:

   Es ist wichtig, das Bewusstsein für die Bedeutung der psychischen Gesundheit zu stärken und Vorurteile abzubauen.

   Unternehmen sollten klare Programme und Strukturen für die psychische Unterstützung ihrer Führungskräfte entwickeln.

Die Führungsetage sollte mit gutem Beispiel vorangehen, um das Stigma zu verringern.

Top-Manager sollten verstehen, dass psychologische Unterstützung keine Schwäche, sondern ein Zeichen von Selbstsorge und Verantwortung ist.

Es ist ratsam, psychologische Unterstützung als präventive Maßnahme zu betrachten, um den Stress und die Belastungen des Führungsjobs besser bewältigen zu können.

Insgesamt ist es entscheidend, dass wir das Thema psychische Gesundheit in der Top-Management-Ebene enttabuisieren und Maßnahmen ergreifen, um die psychische Gesundheit und das Wohlbefinden von Top-Managern zu fördern. Nur so können wir sicherstellen, dass diese Führungskräfte ihre Aufgaben effektiv erfüllen und gleichzeitig gesund und ausgeglichen bleiben.

Um das eben genannte zu ermöglichen ist es notwendig, dem entsprechenden Top-Manager selbst die Möglichkeit zu geben, sich um seine psychische Gesundheit zu kümmern. Dies setzt in einem ersten Schritt ein Verständnis der entsprechenden psychologischen Dynamiken und deren Auswirkungen voraus. In einem zweiten Schritt dann das Erlernen des entsprechenden Umgangs damit und die Umwandlung zum eigenen Vorteil.

In diesem Zusammenhang haben wir uns auch dazu entschlossen, von Beginn an auf negativ besetzte und fachlich ungenau definierte Begriffe wie etwa „Burn-out" zu verzichten. Die von uns neu eingeführte Begrifflichkeit Stress-Spektrum-Störung hingegen möchten wir als vollkommen wertneutrale Definition verstanden wissen, die einfach nur die auftretenden Symptome infolge von Stress bezeichnen, was wir in den kommenden Kapiteln genauer ausführen werden.

Um einem möglichst breiten Ansatz gerecht zu werden, richten wir uns im Folgenden einerseits an die Betroffenen von zum Beispiel Depressionen, Trauma und Ängsten, allgemein formuliert also allen Arten von Stress-Spektrum-Störungen. Dies insbesondere in der Zielgruppe von in der Öffentlichkeit stehenden Personen wie etwa Top-Managern oder Aufsichtsräten. Parallel adressieren wir gleichzeitig auch Angehörige sowie die Zielgruppe der professionellen Helfer wie etwa Therapeuten oder Business-Coaches und Mentoren.

Die Rolle von Stress/Stress-Spektrum-Störungen

Stress spielt in sehr vielen unterschiedlichen Erscheinungsformen eine zentrale Rolle für das körperliche und seelische Wohlbefinden des Menschen. Dieser stellt hierbei eine „Kraft" von außen oder von innen dar, welche den Menschen aus seinem psychosomatischen Gleichgewicht bringt. Dadurch kommt es zu einem Unbehagen, welches auf unterschiedlichen Ebenen wahrgenommen werden kann.

Es kann zu einem „körperlichen" Unwohlsein kommen. Es kann zu Schmerzen, Verspannungen, Schwindel, Übelkeit usw. kommen.

Das Unwohlsein kann auch „psychisch" sein. Dadurch kommt es zu Ängsten, Stimmungseinbrüchen, Gedankenkreisen und mehr.

Der Stress kann sich auch in einem Unwohlsein auf „Verhaltensebene" äußern. Dabei kann man bestimmt Dinge nicht mehr, oder nur noch unter sehr viel mehr Energieaufwand machen, z. B. konzentriert arbeiten. Daneben kann es aber auch sein, dass bestimmt Dinge getan werden müssen, auch auf eine ganz bestimmte Art und Weise, z. B. in Form von Zwangsgedanken oder Zwangshandlungen.

Zuletzt kann es sich auch als „soziales" Unwohlsein äußern. Wenn dies auftritt, dann kommt es oftmals auch zu Störungen und Schwierigkeiten in Beziehungen. So können z. B. Freundschaften nicht mehr aufrechterhalten werden.

Auswirkungen von Stress	körperliche Symptome
	psychische Symptome
	Verhaltenssymptome
	soziale Symptome

S. J. Matten und M. J. Pausch, *Depression, Trauma und Ängste*, https://doi.org/10.1007/978-3-658-43966-8_2

Zur Erklärung der Entstehung von psychischen Symptomen, Syndromen und Störungen gibt es viele unterschiedliche Modelle, die jeweils meist auch schon durch eine Therapieschule beeinflusst sind. Jedes Entstehungsmodell geht von bestimmten Annahmen, Voraussetzungen, also Prämissen aus, unter denen die Entstehung erklärt wird. Diese beeinflussen die Erklärung selbst ganz fundamental. Je weniger Annahmen für eine Erklärung nötig sind, desto besser ist die Erklärung.

Bei der Entstehung von psychischen Symptomen spielen häufig sehr viele unterschiedliche Einflüsse eine Rolle. Diese unterschiedlichen Faktoren sind bei den folgenden Modellen berücksichtigt worden.

2.1   Das bio-psycho-soziale Modell

Bei dem sogenannten bio-psycho-sozialen Modell (Engel 1977) handelt es sich um ein Modell zur Erklärung der Entstehung von psychischen Symptomen und Störungen, bei dem drei Kernbereiche des menschlichen Lebens beachtet werden, nämlich

- biologische Faktoren: z. B. Genetik, Verletzungen, Erkrankungen,
- psychische Faktoren: z. B. Lernerfahrungen in der Entwicklung, emotionale und soziale Kompetenz, Stress, Schmerzen,
- soziale Faktoren: z. B. sozialen und ökonomische Verhältnisse, Arbeitsverhältnisse, ethnische Zugehörigkeit.

Aufgrund der Tatsache, dass dieses Modell mehrere Faktoren berücksichtigt, wird es als multifaktoriell bezeichnet. Diese verschiedenen Faktoren, also Biologie, Psyche und Soziales bedingen sich gegenseitig, es besteht innerhalb der Faktoren selbst und zwischen ihnen ein Fließgleichgewicht. Wenn es bei dem einen Faktor zu einer Einschränkung kommt, kann dies durch einen anderen ausgeglichen werden. Kommt es bei einem Faktor zu einer nicht mehr kompensierbaren Überlastung oder bei mehreren Faktoren zu einer Einschränkung, so kommt es zur Ausbildung von Symptomen. Der menschliche Körper hat dabei in diesem dynamischen System immer das Bestreben, einen möglichst ausgeglichenen Zustand zu erreichen. Symptome oder gar Erkrankungen und Störungen treten also nach diesem Modell durch eine komplexe, sich gegenseitig beeinflussende Interaktion von Körper, Seele und Umwelt auf. Wobei hierbei unter folgenden drei Faktoren noch weiter unterschieden werden kann.

- Prädisponierende Faktoren: Hierbei handelt es sich um Anfälligkeiten, ein geneigt sein, ein bestimmtes Symptom oder eine bestimmte Störung zu entwickeln. Diese Faktoren sind sozusagen die Achillesfersen, an denen ein Individuum besonders verletzbar ist. Beispiele: genetische Disposition, Körperbau.

- Auslösende Faktoren: Hierunter werden all jene Einflüsse subsumiert, welche zu einem bestimmten Zeitpunkt zur Entstehung von einem bestimmten Symptom führt. Dies sind ganz konkrete Belastungen, z. B. Stress.
- Aufrechterhaltende Faktoren: Sowohl die betroffene Person selbst wie auch das Umfeld reagieren auf die auftretenden Symptome auf eine bestimmte Art und Weise. Diese Reaktionen können dazu führen, dass die Symptome nicht wieder verschwinden und einen chronischen Verlauf nehmen.

2.2   Vulnerabilitäts-Stress-Modell

Ein weiteres allgemeines Modell zur Entstehungserklärung von psychischen Symptomen und Störungen ist das sogenannte Vulnerabilitäts-Stress-Modell (Zubin und Spring 1977; Wittchen und Hoyer 2011). Dies Modell baut teilweise auf dem bio-psycho-sozialen Modell auf und erweitert es noch etwas.

Wie bereits im bio-psycho-sozialen Modell bei den prädisponierenden Faktoren, geht das Vulnerabilitäts-Stress-Modell von einer individuellen Anfälligkeit für bestimmte psychische Symptome oder Störungen aus und bezeichnet sie als Vulnerabilität. Diese ist bei jedem Menschen unterschiedlich. Einige sind für bestimmte Formen der Belastung, bzw. Stress, „verletzbarer" als andere. Zudem stellt diese Vulnerabilität nur begingt eine statische Größe dar. Zwar wird jeder Mensch mit einer bestimmten Vulnerabilität geboren und behält bestimmte Formen der Verletzbarkeit, jedoch ist es auch möglich, durch individuelles Wachstum und Weiterentwicklung, oder aber auch durch Regression, seine Vulnerabilität zu verändern.

Liegt eine hohe Vulnerabilität vor, so treten erst bei sehr hohem Stress Symptome auf. Bei einer niedrigen hingegen, kommt es schon bei geringerem Stress zu einer Symptomatik.

Es gibt zwei zentrale Faktoren, welche die Vulnerabilität bestimmen. Dies sind zum einen angeborene Faktoren, zum anderen (lerngeschichtlich) erworbene Faktoren.

Zusätzlich sagt dieses Modell, dass alleine das Vorhandensein dieser Vulnerabilität noch nicht ausreicht, damit es zu Symptomen kommt. Es muss noch zum zusätzlichen Auftreten von Stress bzw. Belastung kommen.

Die Art und Weise, wie Menschen nun mit diesem Stress umgehen, wird als Coping bezeichnet und deshalb werden Stressbewältigungsstrategien auch Coping-Strategien genannt. Diese Coping-Strategien sind sowohl von den angeborenen Faktoren beeinflusst, z. B. wie genau die hormonelle Stressreaktion im Körper ist (eher eine sehr schnelle und intensive Reaktion oder eher eine langsame und moderate), als auch von den erlernten (liegen z. B. Selbstberuhigungsstrategien vor, die eingesetzt werden können). Coping-Strategien sind personenspezifisch und nicht sehr abhängig von den jeweiligen Situationen, was bedeutet, dass Menschen situationsübergreifend sehr spezifisch für sich reagieren. Hier besitzen manche Menschen eine sehr hohe Flexibilität, sprich, sie haben ein großes, breites und tiefes Repertoire an Coping-Strategien und können so in unterschiedlichen Situationen sehr flexibel reagieren. Andere Menschen haben dies eher nicht. Coping-Strategien sind aber, wie bereits erwähnt, erlernte Strategien, was bedeutet, dass zu jeder Zeit ein Ausbau und eine Weiterentwicklung möglich sind.

Im Vulnerabilitäts-Stress-Modell wird vor allem großer Wert auf die Interaktion von (lerngeschichtlich) erworbenen Anfälligkeiten und Stress bei der Entstehung von psychischen Symptomen/Störungen gelegt.

Literatur

Engel, G. L. (1977). The need for a new medical model: A challenge for biomedicine. Science, 196(4286), 129–136.

Wittchen, H.-U. & Hoyer, J. (2011). Klinische Psychologie & Psychotherapie (2. Aufl.). Heidelberg: Springer.

Zubin, J. & Spring, B. (1977). Vulnerability – A new view of schizophrenia. Journal of Abnormal Psychology, 86(2), 103–126.

Die Biologie unserer Psyche

3

Unsere Psyche existiert erstmal nicht ohne unseren Körper. Jeder psychische Prozess, jeder Gedanke, jedes Gefühl hat ein anatomisch-physio-biochemisches Korrelat in unserem Körper, meist in unserem Gehirn. Aufgrund dessen ist es sinnvoll, sich das Gehirn in seiner Anatomie und seien Physiologie genau anzusehen.

3.1 Anatomie

Das menschliche Nervensystem wird in unterschiedliche Bereiche und Teilbereich unterteilt. Diese Unterteilung findet nach verschiedenen Kriterien statt. Manchmal werden die Bereiche aufgrund ihrer Lage im Körper, manchmal aber auch aufgrund ihrer Funktion oder ihres Aufbaus eingeteilt.

Das Nervensystem wir zunächst in zentrales Nervensystem und peripheres Nervensystem unterteilt.

Das zentrale Nervensystem wiederum besteht aus dem Gehirn und dem Rückenmark.

Das periphere Nervensystem gliedert sich in den Sympathikus, den Parasympathikus und das Darmwandnervensystem.

Anhand von funktionellen Gesichtspunkten kann das Nervensystem dann noch zwischen somatischem Nervensystem (sensibler und motorischer Anteil) und vegetativen Nervensystem unterschieden werden.

Gehirn
Das menschliche Gehirn ist das komplizierteste Organ im menschlichen Körper. Es besteht aus ca. 100 Mrd., also 100.000.000.000, Nervenzellen. Diese Nervenzellen, auch Neuronen

S. J. Matten und M. J. Pausch, *Depression, Trauma und Ängste*, https://doi.org/10.1007/978-3-658-43966-8_3

genannt, sind ihrerseits wieder über ca. 100 Billionen Synapsen, also Verknüpfungsstellen, miteinander verbunden.

Die wichtigste und herausstechendste Eigenschaft des Gehirns ist seine Fähigkeit zu lernen und diese Fähigkeit behält es auch, wie mittlerweile nachgewiesen wurde. Diese Fähigkeit zur Veränderung wird Neuroplastizität genannt. Sie macht es möglich, dass wir bis ins hohe Alter neue Dinge lernen können, uns weiterentwickeln können.

Das Gehirn lässt sich, wenn man es anatomisch betrachtet, in vier Bereiche unterteilen. Jeder dieser Bereiche ist anders aufgebaut und kommt auch einer eigenen Funktion nach.

Die vier Bereiche sind:

- Großhirn
- Zwischenhirn mit den Teilbereichen Thalamus, Hypothalamus, Subthalamus und Epithalamus
- Kleinhirn
- Hirnstamm

Großhirn

Das Großhirn ist aus zwei Gehirnhälften, die rechte und die linke Hemisphäre, aufgebaut, welche über eine Struktur namens Balken miteinander verbunden sind, und uns so die Möglichkeit zur Kommunikation geben. Die einzelnen Hemisphären können ihrerseits wieder in sechs Teilbereiche, sogenannte Lappen, differenziert werden. Jeder Lappen hat auch hier wieder eine andere Funktion. Dem Großhirn kommt die Funktion von Bewegungskoordinierung und -kontrolle zu. Es ist für die Verarbeitung von Sinneseindrücken zuständig. Zudem zeichnet es sich verantwortlich für Handlungen, Gefühle, Sprache, Hören, Intelligenz und Gedächtnis.

In der rechten und der linken Hemisphäre liegen unterschiedliche Funktionen. Die linke Hemisphäre ist bei Rechtshändern für Logik und Sprache sowie abstraktes Denken zuständig. In der rechten Hemisphäre liegen die Zentren für räumlich-bildhaftes Denken und den Ausdruck von Gefühlen. Bei Linkshändern verhält es sich bis auf das Sprachzentrum genau umgekehrt.

Zwischenhirn

Das Zwischenhirn ist der Teil des Gehirns, der sich zwischen dem Hirnstamm und dem Großhirn befindet. Es erfüllt hauptsächlich vegetative Aufgaben und steuert gleichzeitig den Biorhythmus.

Der Thalamus ist der Vermittler sensorischer und motorischer Signale zum und vom Großhirn. Hier laufen alle Informationen der Sinnesorgane zusammen und werden weitervermittelt.

Kleinhirn

Das Kleinhirn ist für das Gleichgewicht, Bewegung und den Spracherwerb verantwortlich.

Hirnstamm

Der Hirnstamm ist der entwicklungsgeschichtlich älteste Teil des Gehirns. Im Hirnstamm werden eingehende Sinneseindrücke und ausgehende motorische Informationen verschaltet und verarbeitet. Es finden hier reflexartige Steuerungsmechanismen statt. Daten zwischen dem Rückenmark und dem Großhirn werden übertragen. Und die Koordination der Augenbewegung ist hier verortet. Das untere Ende des Hirnstamms schließt an das Rückenmark an.

Peripheres Nervensystem

Die Funktionen unserer inneren Organe werden zum einen über Hormone, zum anderen über das periphere Nervensystem gesteuert. Die Steuerung erfolgt autonom, weshalb es auch häufig als autonomes Nervensystem bezeichnet wird.

Das periphere Nervensystem besteht aus drei Teilbereichen:

- Sympathikus
- Parasympathikus und
- Darmwandnervensystem.

Die meisten Organe werden sowohl vom Sympathikus als auch vom Parasympathikus versorgt. Beide haben jeweils gegensätzliche Wirkungen am Organ, warum beide auch als Gegenspieler angesehen werden können.

Sympathikus

Der Sympathikus wirkt fast immer aktivierend und anregend für den Stoffwechsel, die Durchblutung usw. Seine Wirkung zielt auf eine höhere Aktivität und eine bessere körperliche Leistungsbereitschaft, um mit tatsächlichen oder gefühlten Bedrohungen, durch Angriff oder Flucht besser umgehen zu können („fight or flight"). Es wird somit also eine Stressreaktion vermittelt.

Zu den Hauptwirkungen des Sympathikus zählen:

- Blutdruckanstieg
- Erhöhung der Herzfrequenz
- Erhöhung der Atemfrequenz
- Pupillenweitung
- Bereitstellung von Energie durch Abbau von Kohlenhydraten
- Verminderung der Darmtätigkeit
- Reduktion der Drüsensekretion im Magen-Darm-Trakt
- Verstärkte Durchblutung der Skelettmuskulatur
- Steigerung der Schweißdrüsensekretion
- Adrenalinausschüttung im Nebennierenmark
- Minderung der Speicheldrüsensekretion

Parasympathikus

Der Parasympathikus hat als Hauptaufgabe die Förderung des aufbauenden Stoffwechsels und dient damit der Anreicherung von Energiereserven und der Erholung des Organismus. Er ist also für Ruhe und Erholung zuständig.

Zu seinen Hauptwirkungen zählen:

- Reduktion der Herzfrequenz
- Verengung der Pupille
- Förderung der Speichelsekretion
- Verengung der Bronchien
- Anregung der Darmtätigkeit
- Förderung der Drüsentätigkeit im Magen-Darm-Trakt
- Entleerung von Blase und Darm

3.2   Hormone und Neurotransmitter

Neurotransmitter

Wie wir oben erfahren haben, gibt es im menschlichen Gehirn ca. 100 Mrd. Nervenzellen. Innerhalb dieser Zellen wird die jeweilige Information (also z. B. am rechten Zeh tut es weh) in elektrischer Form, wie in einem elektrischen Kabel, weitergeleitet. Die Nervenzellen sind mit mehr als 100 Billionen Synapsen, also Verbindungen, miteinander verbunden. Bei diesen Verbindungen verhält es sich jetzt nicht so, dass die eine Nervenzelle mit der anderen verwachsen ist. Vielmehr haben die Nervenzellen zwischen sich immer einen kleinen Spalt, den sogenannten postsynaptischen Spalt. An dieser Stelle kann die Information jetzt nicht mehr in elektrischer Form weitergegen werden, weil es ja keine tatsächliche Verbindung untereinander gibt. Die Information wird dann in biochemischer Form durch Botenstoffe, sogenannte Transmitter, von der einen Nervenzelle an die andere weitergegeben. Bei diesen Botenstoffen handelt es sich um Moleküle unterschiedlicher Größe und Form. Im menschlichen Körper gibt es unterschiedliche Botenstoffe, die jeweils auch immer ganz bestimmte Funktionen und Aufgaben erfüllen. Bisher sind ca. 100 Botenstoffe bekannt, wobei es wahrscheinlich deutlich mehr geben dürfte.

Unser seelisches Befinden wird nun sehr stark dadurch beeinflusst, welche Botenstoffe in welcher Menge vorhanden ist. Die Ursache von depressiven Episoden wird z. B. sehr stark im Mangel an bestimmten Botenstoffen (den sogenannten Monoamine, wie Serotonin und Noradrenalin) gesehen.

Hormone

Neurotransmitter sind chemische Verbindungen, welche an den Nervenzellen dafür verantwortlich sind, Informationen weiterzuleiten, und somit beeinflussen, wie wir uns fühlen, was wir denken und wie es uns so geht. Daneben gibt es noch eine weitere Klasse an chemischen Verbindungen, welche unsere Befindlichkeit stark beeinflussen, nämlich die Hormone.

Hormone sind auch Botenstoffe, welche aber nicht nur im Nervensystem, sondern außerhalb davon in unserem Körper Signale vermitteln und so unseren Stoffwechsel, unser Befinden und vieles mehr regulieren. Hormone werden von bestimmten Zellen in bestimmten Organen produziert, dann in den Blutkreislauf abgegeben und bewirken dann an anderen Organen einen bestimmten Effekt.

Als Beispiel sehen wir uns mal das Schilddrüsenhormon TSH an. Es wird in der menschlichen Schilddrüse gebildet und dort in den Blutkreislauf abgegeben. Trifft es dann über das Blut auf das Herz, führt es am Herzen dazu, dass es z. B. schneller schlägt.

Hormone haben nun auch direkten Einfluss darauf, wie wir uns psychisch fühlen.

Wir haben nun gesehen, dass sowohl Neurotransmitter wie auch Hormone ganz direkten Einfluss auf unser psychisches Befinden haben. Daher sehen wir uns nun einmal die wichtigsten Vertreter unter diesem Gesichtspunkt an.

3.2.1   Dopamin – Belohnung und Reiz von Neuem

Dopamin ist ein Hormon und ein Neurotransmitter, das sowohl in Nervenendigungen wie auch im Nebennierenmark gebildet wird. Es wird gerne als das Glücks- oder Belohnungshormon bezeichnet. Der Grund hierfür ist, dass Dopamin ein starkes Belohnungsgefühl auslöst. Es vermittelt ein regelrechtes Hochgefühl. Immer dann, wenn wir etwas tun, was uns Spaß macht, wir unsere Lieblingsmusik hören, Zeit mit unseren Freunden verbringen, wird Dopamin ausgeschüttet, gibt uns ein gutes Gefühl und macht Lust auf mehr. Das Belohnungsgefühl, welches Dopamin in uns auslöst, wollen wir natürlich immer wieder und möglichst lange haben. Die Wirkung von Dopamin vergeht aber auch sehr schnell. Vor allem Neues löst in uns eine sehr starke Dopaminausschüttung aus. Löst ein neues, schönes Lied in uns am Anfang noch eine sehr starke Dopaminausschüttung aus, ist das beim achten Mal Anhören nicht mehr so intensiv. Und die Folge ist, dass das menschliche Gehirn auf die Suche nach dem nächsten neuen Reiz geht, der wieder eine ähnlich hohe Ausschüttung an Dopamin verursacht.

Oder wir sind am Anfang eines neuen Arbeitsprojekts vollends begeistert und total euphorisch; das ist das Dopamin. Nach drei Wochen intensiver Arbeit, ist der Reiz des Projekts dann nicht mehr so groß. Es sei denn, wir setzen uns selbst wieder Dopaminausschüttungsreize.

Dopamin ist also unser Glückshormon, aber auch unser Neuheitshormon.

So kann man die Dopaminausschüttung fördern:

- Sport
- Gute Schlafqualität

- Musik
- Meditation
- Sonne

3.2.2   Serotonin – Ruhe und Gelassenheit

Serotonin kommt in unserem Nervensystem, in unserem Darmnervensystem, in unserem Herz-Kreislauf-System und in unserem Blut vor.

Es hat sehr viele unterschiedliche steuernde Aufgaben im Körper. Es spielt eine Rolle beim Schlaf, bei der Schmerzwahrnehmung und beim Hunger. Es hat Auswirkungen darauf, wie wir uns fühlen, wieviel Antrieb wir haben und wieviel Freude wir empfinden können. Deshalb wird auch Serotonin zu den Glücksbotenstoffen gezählt.

Im Gehirn vermittelt Serotonin ein Gefühl der Ruhe und der Zufriedenheit. Gefühle wie Angst oder auch Wut und Ärger sowie das Hungergefühl werden gehemmt.

Zur Ausschüttung von Serotonin führt:

- Sport
- Essen von z. B. Nüssen, Schokolade, Bananen, Tomaten, Kiwis, Ananas
- Sonnenlicht
- Berührungen
- Meditation

3.2.3   Noradrenalin – wach und aufmerksam

Noradrenalin hat als Hauptaufgabe, dass es uns in stressigen, vielleicht auch bedrohlichen Situationen hilft, schnell zu entscheiden. Dazu bewirkt es bei Ausschüttung eine Erhöhung der Konzentration, der Aufmerksamkeit und der Wahrnehmung. Dadurch werden wir wach, fokussiert, sind schnell in unserer Reaktion und dadurch auch deutlich motivierter. In Situationen, in denen wir uns gerade ein klein wenig überfordert fühlen, ist der Noradrenalinspiegel am wirkungsvollsten. Wir erkennen zwar, dass die Aufgabe in dieser Situation schwierig und herausfordernd ist, aber wir erkennen auch, dass wir diese Herausforderung erfolgreich bewältigen können.

3.2.4   Endorphine (Schmerzstiller)

Die Bezeichnung Endorphine stammt von der Verschmelzung der Bezeichnung **end**ogenes **Morphin.** Und daraus wurde End-Orphine. Morphin ist ein Schmerzmittel und damit sind Endorphine Opioide, welche der Körper selbst produziert. Sie werden in der Hirnan-hangdrüse, der Hypophyse, und im Hypothalamus, einem Teilbereich des Zwischenhirns, produziert.

Im Körper kann es zum einen bewirken, dass Schmerz weniger, bis gar nicht gespürt wird. Zum anderen kann es berauschend wirken und einen Glückszustand verursachen.

Zu den häufigsten Verursachern einer Endorphinausschüttung zählt:

- Sport
- Lachen
- Schokolade essen

3.2.5 Cortisol – der Stress-Macher

Cortisol wird in der Nebennierenrinde produziert. Es ist ein lebenswichtiges Hormon und folgt einem natürlichen Tagesrhythmus (morgens ist die Cortisolkonzentration im Blut am höchsten und nimmt dann im Laufe des Tages ab). Die Freisetzung erfolgt immer bei Anspannung, Bedrohung und Belastung.

Kurzfristig ist das Cortisol sehr hilfreich. Es hilft dabei, leistungsstark zu sein und sorgt dafür, dass im Körper genügend Energie bereitgestellt wird.

Damit ist eine seiner Hauptaufgaben das Mobilisieren von Energiereserven. Dafür regt es die Freisetzung von gespeichertem Zucker aus der Leber und den Muskeln an. Aus dem Fettgewebe wird Energie bereitgestellt. Und Muskelmasse wird abgebaut und in Energie verarbeitet, die dem Körper dann zur Verfügung gestellt wird.

Cortisol hat auch einen direkten Einfluss auf das menschliche Immunsystem, in dem es die Immunreaktion im Körper hemmt. Kurzfristig steigert es die Aufmerksamkeit und regt den Kreislauf an.

Zum Problem wird Cortisol dann, wenn dauerhaft zu viel davon im Körper vor-handen ist. Dann kommt es nämlich zu negativen körperlichen und seelischen Folgen. Es kommt zu Bluthochdruck, Schlafstörungen, Problemen mit dem Gedächtnis und der Konzentration.

Was reduziert die Cortisolkonzentration:

- Für ausreichend Pausen sorgen
- Meditation
- Vollkornprodukte, Obst, Gemüse essen

3.2.6   Oxytocin – das Kuschelhormon

Oxytocin hat auch direkten Einfluss auf unser Stressniveau. Wird es ausgeschüttet, kommt es zu einer Reduktion des Blutdrucks und des Cortisols. Dies führt dazu, dass Stress reduziert wird, die Folgen von Stress weniger werden und man sich ruhiger fühlt.

Bei positiven Kontakten mit anderen Menschen, vom Händedruck bis hin zur Umarmung oder zum Sex, immer wird Oxytocin ausgeschüttet, reduziert unseren Stress, gibt uns ein Gefühl von Wohlbefinden und von Vertrauen.

Bei der Geburt führt Oxytocin zu Wehen und zum Milcheinschuss. Die Bindung zwischen Mutter und Kind wird gefördert.

Was führt zu einer Oxytocinausschüttung:

- Berührungen
- Tiere streicheln
- Soziale Interaktion
- Meditation
- Mitgefühl haben
- Anderen Personen etwas Gutes tun

Die Psyche – Gedanken, Gefühle, Körper, Verhalten

4

Die menschliche Psyche, also die Seele, äußert sich in vielen Bereichen. Sie beeinflusst, was wir fühlen, was wir denken, wie wir uns körperlich fühlen und was wir konkret tun.

4.1 Was sind Gefühle?

Die genaue Beschreibung dessen, was ein Gefühl ist, ist gar nicht so einfach. Und dabei ist der Vorgang des Fühlens selbst etwas ganz Einfaches. Jeder Mensch hat jeden Tag, in ganz verschiedenen Situationen eine große Anzahl an unterschiedlichen Gefühlen mit jeweils eigenen Gedanken, Körperwahrnehmungen und Handlungsimpulsen. Das Fühlen selbst ist Teil unseres Menschseins. Das genaue und differenzierte Wahrnehmen, Benennen und Formulieren von Gefühlen ist dies allerdings nicht. Der Mensch muss im Laufe seiner Entwicklung erst erlernen, welches Gefühl sich wie anfühlt und was er dann damit machen kann und möchte. Dieses Lernen findet zumeist in der Kindheit und Jugend statt, indem die primären Bezugspersonen, meist die Eltern und die Familie, einem durch Spiegelung dabei helfen. Unter Spiegelung versteht man, dass die Bezugspersonen erkennen, welches Gefühl das Kind gerade hat, sich dann auf dieses Gefühl mit einstimmen, ihm einen Namen geben und dann Wege aufzeigen, wie mit dem Gefühl umgegangen werden kann. Hat das Kind z. B. vor etwas Angst, nimmt die Bezugsperson diese Angst wahr und begibt sich ganz intuitiv auch in diese Gefühlslage. Die Bezugsperson spricht mit dem Kind und benennt die Angst, sowie die Situation, vor der die Angst besteht. Im Weiteren wird das Kind wahrscheinlich dabei angeleitet, sich ein genaues Bild der Situation zu verschaffen und so zu erkennen, vor was die Angst eigentlich besteht. Ist dies gelungen,

S. J. Matten und M. J. Pausch, *Depression, Trauma und Ängste*,
https://doi.org/10.1007/978-3-658-43966-8_4

wird die Bezugsperson dabei helfen, Ressourcen und Bewältigungsstrategien, sogenannte Coping-Mechanismen, anzuwenden, um die beängstigende Situation zu bewältigen.

Dieser Vorgang des Spiegelns läuft meist automatisiert und intuitiv ab. Die Bezugspersonen machen sich also im Vorfeld meist keine allzu großen Gedanken darüber, wie und was genau sie tun, sie folgen hier einfach ihrer Intuition und damit eigentlich wieder einem Gefühl. Sie werden dem Kind nämlich entweder das anbieten, was sie selbst von ihren Bezugspersonen gelernt haben, oder das, was sie selbst im Erwachsenenalter daraus entwickelt haben.

Gefühle sind ganz grundsätzlich Reaktionen des menschlichen Körpers und damit auch des Gehirns auf Reize, welche wahrgenommen werden. Diese Reize können von außen kommen, z. B. wenn man sich einen Horrorfilm ansieht und dabei Angst bekommt. Sie können aber auch von innen kommen, wenn man z. B. an die anstehende Prüfung in zwei Tagen denken muss und Angst vor dem Durchfallen bekommt.

In beiden Fällen gibt es einen Reiz (Horrorfilm bzw. Gedanke an die Prüfung), der auf das „System Mensch" trifft. Wie dieser Reiz nun verarbeitet wird und welches Gefühl dadurch ausgelöst wird, hängt von den Parametern in diesem System ab.

Ist die Person, welche den Horrorfilm ansieht, ein Horrorfilmkritiker, der schon beim Ansehen des Filmes mit den Kritikeraugen sieht, also genau auf die filmische Leistung achtet, wird sie andere Gefühle wahrnehmen als jemand, der den ersten Horrorfilm im Leben sieht.

Ebenso bei dem Gedanken an die Prüfung. Ist die Person gut vorbereitet und geht davon aus, dass die Prüfung bestanden wird, wird sie andere Gefühle wahrnehmen, als jemand der bisher kaum lernen konnte.

Die jeweiligen Bewertungen, Verarbeitung, Ressourcen und Bewältigungsstrategien/Coping-Mechanismen spielen also eine zentrale Rolle dabei, welche Emotionen durch bestimmte Reize ausgelöst werden.

Wenn es darum geht, mit Stress und Belastungen besser und effektiver umzugehen, spielen Gefühle und der jeweilige Umgang damit eine wichtige Rolle. Ein bewusstes differenziertes Wahrnehmen der eigenen Gefühle und deren Ursachen führt dazu, dass man sich selbst besser verstehen kann, besser kommunizieren kann und somit auch besser verstanden wird. Hierzu kann folgendes Schema helfen:

- Gefühl wahrnehmen
- Gefühl benennen
- Umstände des Gefühls erkennen
- Zum Gefühl passendes Bedürfnis erkennen und benennen
- Effektiv mit sich und anderen kommunizieren

Manchmal hat man nicht nur ein Gefühl, sondern mehrere Gefühle mit- oder nebeneinander. Hat man sich den Horrorfilm nur angesehen, um einen guten Freund, der ihn unbedingt sehen wollte, einen Gefallen zu tun, kann man vielleicht nicht nur ängstlich, sondern auch ärgerlich auf sich oder den Freund sein. Tritt ein Gefühl als Folge von einem anderen Gefühl auf, so nennt man das ein Meta-Gefühl. Häufige solche Gefühle sind Schuld und Scham.

Wichtig ist, wenn es zu mehreren Gefühlen kommt, dass man jedes Gefühl für sich erkennt und benennt und gut darauf achtet, zu welchem Zeitpunkt welches Gefühl aufgekommen ist.

Wenn man sich nicht sicher ist, welches Gefühl man gerade hat, helfen zwei Tricks:

Erstens hilft es, sich zu fragen, was für Gedanken man gerade hat. Was denkt man über die Situation, sowie sich und die anderen in dieser Situation. Gefühle gehen häufig mit sehr spezifischen Gedanken einher. Anhand dieser Gedanken ist es dann leichter, auf das Gefühl zu kommen.

Zweitens kann man auf seine Körperreaktionen und seine Handlungsimpulse achten. Jedes Gefühl ist im Körper wahrzunehmen, und geht mit einem, auch wieder häufig emotionsspezifischen, Handlungsimpuls einher. Wo im Körper wird also was wahrgenommen und was würde man gerne tun.

4.1.1 Wie entstehen Gefühle?

Wie oben gesehen, sind Gefühle also Reaktionen des menschlichen Körpers, inklusive des Gehirns, auf Reize, die von außen oder innen, kommen. Die Beschaffenheit des „Systems Mensch", also wie es ihm gerade körperlich geht, was er denkt usw., hat einen großen Einfluss darauf, welche Reize was für ein Gefühl in welcher Intensität auslösen.

Zudem sind Gefühle ihrerseits wieder Auslöser für Handlungsimpulse und konkrete Handlungen. Diese emotionalen Handlungsmuster haben den Vorteil, dass sie sehr schnell (also ohne großes Überlegen) ablaufen können, sehr automatisiert sind und seit vielen Jahrtausenden das menschliche Überleben sichern. Leider tragen sie nicht immer zur Förderung der individuellen Zufriedenheit bei.

Ist man z. B. vor einer großen Besprechung und man hat Angst vor dieser Besprechung, so hilft es erstmal sehr gut, vor dieser Besprechung wegzulaufen, da die Angst dann sehr schnell weg ist. Allerdings wird es langfristig nicht der weiteren Karriere hilfreich sein.

Es ist aber nicht nur so, dass die Gedanken unsere Gefühle stark beeinflussen, sondern auch umgekehrt. Fühle ich mich dauerhaft traurig und hilflos, werden sich auch meine Gedanken verändern.

4. Ebenen des Fühlens

Nicht nur Gedanken und Gefühle beeinflussen sich gegenseitig, sondern hier spielen auch noch das Verhalten und der Körper eine große Rolle. Es zeigt sich also ein sich gegenseitig beeinflussendes System aus den vier Bereichen

- Gefühl
- Gedanken
- Verhalten
- Körper

Gefühle sind grundsätzlich nur in einem selbst und werden nicht durch andere oder durch bestimmte Ereignisse hervorgerufen. Eine bestimmte Situation an sich enthält bzw. macht noch keine Gefühle.

Es ist hilfreich, sich anzusehen, wie Gefühle grundsätzlich entstehen können. Es gibt dazu zwei wichtige Ursachen.

Die erste ist, dass ein Gefühl aufgrund von Gedanken auftritt. Die zweite, dass es zu einer emotionalen Reaktion aufgrund von Bedürfnissen kommt.

4.1.1.1   Die „wichtigsten" Gefühle im Überblick

Freude/Glück

- Tritt ein, wenn Bedürfnisse gestillt werden, z. B. bei Erfolg oder bei Zuwendung.
- Äußert sich in einer offenen Körperhaltung, in Lächeln, Sprechen mit klarer, heller, lauter Stimme.
- Führt zu einer Freisetzung von Kraft und Energie, mit dem Ziel, die Quelle der Freude, bzw. des Glücks zu erhalten oder zu verstärken.

Stell dir vor, du stehst auf dem sonnigen Gipfel eines Berges, mit einem atemberaubenden Ausblick auf eine majestätische Landschaft. Der Wind streicht sanft durch deine Haare, und du spürst die Wärme der Sonne auf deiner Haut. In diesem Moment fühlst du dich lebendig, frei und überwältigt von einem tiefen Glücksgefühl, das dich zum Lächeln bringt. Du atmest tief ein und nimmst die Schönheit der Natur in dich auf, und du weißt, dass du gerade einen unvergesslichen Moment des Glücks erlebst.

Angst

- Ist ein Anzeichen für eine reale und gefühlte Bedrohung oder Gefahr. Der Körper bereitet sich auf Flucht oder Kampf vor.

- Körperlich kommt es zu erhöhtem Herzschlag und Blutdruck, zu Schwitzen, Zittern, beschleunigter Atmung bis hin zu Atemnot. Es kann zu Übelkeit und Durchfall kommen. Im stärksten Fall kann man erstarren.
- Es kommt zu einer gedanklichen Einengung auf die Bedrohung. Die Aufmerksamkeit kann bis zu Tunnelblick eingeengt sein.
- Angst hilft dabei, dass alle Energie, die für das Überleben im Falle von Kampf oder Flucht nötig ist, auch bereitgestellt wird.

Stell dir vor, du bist allein in einem dunklen Raum, und du hörst unheimliche Geräusche, die du nicht identifizieren kannst. Dein Herz beginnt schneller zu schlagen, und du spürst, wie sich deine Muskeln verspannen. Du versuchst ruhig zu bleiben, aber die Dunkelheit und die unheimlichen Geräusche lösen ein tiefes Gefühl der Angst in dir aus. Du suchst nach einem Lichtschalter oder einem Ausgang, während deine Gedanken wild umherirren und sich die Angst in dir verstärkt.

Wut/Ärger

- Wenn Bedürfnisse frustriert werden, kommt es zu Wut und Ärger. Es kann auch ein Anzeichen für eine Grenzüberschreitung sein.
- Es kommt im ganzen Körper zu einer hohen Anspannung. Das Gesicht ist verkrampft. Und die Stimme wird laut.
- Ziel von Wut und Ärger ist die Beendigung der Bedürfnisfrustration bzw. der Grenzüberschreitung. Damit kommt diesem Gefühl eine große Schutzfunktion zu.

Stell dir vor, du bist im dichten Verkehr auf dem Weg zur Arbeit und wirst von einem rücksichtslosen Autofahrer geschnitten, der dir den Weg abschneidet. Dein Herzschlag beschleunigt sich, und du spürst, wie sich deine Gesichtsmuskeln zusammenziehen. Du schreist vielleicht ein paar unflätige Worte in deinem Auto aus und drückst wütend auf die Hupe. Dein ganzer Körper fühlt sich gespannt an, und du spürst die Wut in dir aufkochen, während du dich über das rücksichtslose Verhalten ärgerst.

Trauer

- Trauer tritt bei Verlusten ein, z. B. Tod, Trennung, Ablehnung, Verlust eines Jobs.
- Körperliche Reaktionen bei Trauer sind z. B. Weinen, tiefgesenkter Blick, hängende Schultern. Im Sozialen kommt es häufig zu einem Rückzug.
- Durch den Fokus auf den Verlust und den sozialen Rückzug kann es zum Abschließen mit dem Verlust kommen. Zudem kommt es im Weiteren zu einer Neuausrichtung und Neuorientierung.

Stell dir vor, du stehst alleine am Grab eines geliebten Menschen, den du vor Kurzem verloren hast. Die Umgebung ist still, und die grauen Wolken am Himmel spiegeln deine gedrückte Stimmung wider. Du legst behutsam eine Blume auf das Grab und spürst wie die Tränen in deine Augen steigen. Ein tiefes Gefühl des Verlusts und der Trauer erfüllt dich, und du sehnst dich danach, noch einmal mit dieser Person sprechen zu können. In diesem Moment empfindest du die Schmerzen der Trauer und den Verlust, den du fühlst.

Ekel

- Zeigt sich im Kontakt mit etwas Giftigen oder Schädlichen. Meist im Zusammenhang mit Geruch, Geschmack, Berührung oder Anblick von etwas äußerst Unangenehmen.
- Es kommt im Körper zu Übelkeit, Gänsehaut, Würgereiz und auch Erbrechen. Der Handlungsimpuls geht aus von dem Ekelverursachendem.
- Durch Ekel kann sich der Körper vor schädlichen oder giftigen Sachen schützen.

Stell dir vor, du öffnest den Kühlschrank und entdeckst ein vergessenes Behältnis mit verdorbenem Essen. Ein unangenehmer, fauliger Geruch steigt dir in die Nase, und du siehst, wie sich Schimmel über das Essen ausgebreitet hat. Du empfindest eine starke Abneigung und Ekel vor dem Anblick und Geruch, und dein erster Impuls ist es, den Kühlschrank schnell zu schließen und das verderbliche Essen zu entsorgen. Der Ekel ist eine natürliche Reaktion auf etwas, das als unhygienisch oder widerlich wahrgenommen wird.

Scham

- Scham ist ein Gefühl, welches im sozialen Kontakt auftritt und immer dann erlebt wird, wenn der subjektiven Wahrnehmung nach, eine soziale Regel verletzt wurde und der Ausstoß aus der Gruppe gefürchtet werden muss.
- Es kommt unter anderem zum Rotwerden, zum Schwitzen, Herzrasen und Unruhigsein.
- Scham führt häufig dazu, dass die Betroffenen sich zurückziehen oder gar verstecken wollen. Der Kontakt zu anderen wird aktiv gemieden.
- Zudem kommt es zur vermehrten Auseinandersetzung mit dem Gedanken, wie der Regelverstoß wieder gut gemacht werden kann.

Stell dir vor, ein erfahrener Manager hält eine wichtige Präsentation vor seinem Team und hochrangigen Führungskräften. Während er spricht, bemerkt er, dass er einen entscheidenden Fehler gemacht hat und wichtige Daten falsch interpretiert hat. Seine Mitarbeiter und Vorgesetzten sehen besorgt aus und tuscheln miteinander. Der Manager wird sich plötzlich der Scham bewusst, die ihn überkommt, da er vor einem anspruchsvollen Publikum einen gravierenden Fehler gemacht hat. Sein Gesicht errötet, und er fühlt sich zutiefst unwohl und peinlich berührt in dieser öffentlichen Demütigungssituation.

Schuld

- Schuld ist die Folge bei Verstößen, gegen die als sozial anerkannten Regeln, bei denen eine andere Person zu Schaden gekommen ist.
- Es kommt zu Schwitzen, Erröten, hängenden Schultern.
- Schuld sorgt dafür, dass die sozialen Regeln nun strikter eingehalten werden und so kein Ausschluss aus der sozialen Gruppe erfolgt.

Angenommen, ein Manager leitet eine wichtige Präsentation vor einem Kunden, bei der es um die Einführung eines neuen Produkts geht. Während der Präsentation bemerkt er einen peinlichen Fehler in den Zahlen, die er gerade präsentiert. Er gerät in Panik, fühlt sich schuldig und verantwortlich für den Fehler. In der hitzigen Situation entschuldigt er sich sofort beim Kunden, noch bevor dieser den Fehler bemerkt. Er übernimmt die volle Verantwortung für den Fehler und versichert dem Kunden, dass er die Situation umgehend korrigieren wird. In diesem Moment ist die spontane Schuldreaktion des Managers darauf ausgerichtet, die Verantwortung zu übernehmen und das Vertrauen des Kunden zu wahren, auch wenn der Kunde möglicherweise den Fehler nicht sofort bemerkt hat. Dies zeigt, wie schnelle Reaktionen in stressigen Situationen das Bild eines Managers prägen können.

4.1.1.2 Gefühle aufgrund von Gedanken

Einer der zentralen Faktoren für die Entstehung und auch Beeinflussung von Gefühlen sind die Gedanken. Die Gedanken, welche wir in einer Situation über diese haben sowie über uns und andere darin, bahnen, was wir fühlen. Man könnte sagen, dass Gefühle durch diese Gedanken entstehen. Diese Gedanken stellen eine Bewertung der Situation und der Personen in dieser Situation, inklusive der eigenen Person dar. Diese Bewertung und diese Gedanken entstehen blitzschnell und sind kaum wahrnehmbar.

Die Bewertung und die Gedanken selbst sind geprägt durch die bisherigen Lebenserfahrungen und Bewertungen.

Nach diesem Grundsatz lässt sich auch sagen, dass wir durch das Verändern dessen, was wir in einer Situation denken, direkt beeinflussen können, wie wir uns fühlen.

In der folgenden Übersicht sind zu den jeweiligen Gefühlen die oft typischen automatischen Gedanken aufgeführt.

Gedanke	Gefühl
„Das ist jetzt sehr gefährlich."/„Ich werde das nicht überstehen."	Angst
„Das macht man nicht."/„Das ist falsch."	Wut
„Ich werde nie über den Verlust hinwegkommen."	Trauer
„Keiner ist für mich da."/„Ich bin niemandem wichtig."	Einsamkeit
„Ich kann nichts ändern und tun."	Ohnmacht

(Fortsetzung)

(Fortsetzung)

Gedanke	Gefühl
„Mit mir ist was falsch."/„Ich bin schlecht."	Scham
„Ich hätte es verhindern müssen."/„Es ist wegen mir passiert."	Schuld

4.1.1.3 Gefühle aufgrund von Bedürfnissen

Gefühle entstehen auch in Situationen, in denen es um Bedürfnisse geht. Wird das jeweilige Bedürfnis erfüllt, so stellt sich ein positives Gefühl ein, wird es das nicht, so stellt sich ein negatives ein.

Bedürfnisse haben alle Menschen. Und Bedürfnisse sind wie Gefühle, jeder Mensch hat die gleichen, nur eben in unterschiedlichen Situationen, in unterschiedlicher Form und Ausprägung und jeder Mensch geht anders mit diesen um.

Bedürfnisse sind über die Zeit hinweg ganz häufig auf die eine oder andere Art definiert und beschrieben worden. Sie wurden unterschiedlich bezeichnet und in unterschiedliche Gruppen und Bedeutungen eingeteilt.

Der deutsche Psychologe Klaus Grawe hat in seiner Konsistenztheorie (Grawe 1998, 2004) vier psychologische Grundbedürfnisse beschrieben:

- Bindung
- Orientierung/Kontrolle
- Lustgewinn/Unlustvermeidung
- Selbstwert

Bedürfnis nach Bindung

Jeder Mensch hat einen angeborenen Wunsch danach, emotionale Verbindungen und Beziehungen zu anderen Menschen einzugehen, die auch auf Dauer angelegt sind.

Wird dieses Bedürfnis nicht erfüllt, fühlt sich die betroffene Person alleine, einsam, ausgeschlossen.

Bedürfnis nach Orientierung und Kontrolle

Hierunter wird verstanden, dass jeder Mensch seine ihn umgebende Welt inhaltlich erfassen und verstehen möchte. Entwicklungen sollen vorhersehbar werden. Und es besteht das Bedürfnis danach, seine Umwelt und seine Zukunft aktiv zu gestalten.

Kommt es zu einer Bedürfnisfrustration, kommt es zu Hilflosigkeitserleben, die Personen fühlen sich ausgeliefert, gefangen und abhängig.

Bedürfnis nach Lustgewinn bzw. Unlustvermeidung

Zustände, welche als angenehm wahrgenommen werden, möchte der Mensch möglichst häufig erleben. Dem gegenüber sollen unlustvolle Zustände wenig, bis gar nicht auftreten.

Nehmen die unlustvollen Zustände übermäßig zu, so kommt es zum Erleben von Stress, Überforderung, Erschöpfung.

Bedürfnis nach Selbstwert
Menschen wollen sich selbst als wertvoll erleben. Sie möchten das Gefühl haben, dass sie so, wie sie sind, in Ordnung sind.

Wird dieses Bedürfnis nicht erfüllt, kommt es zu Gefühlen wie Minderwertigkeit, Scham und Ausgeschlossensein.

Grundsätzlich lässt sich sagen, dass Menschen immer versuchen das zu tun, was aus ihrer Sicht und aus ihren Möglichkeiten heraus das Beste ist, um ihre Bedürfnisse zu stillen. Sind einem die eigenen Bedürfnisse in den unterschiedlichen Situationen klar und bewusst (auch in Bezug auf Intensität), so können wir durch adäquaten Umgang damit sowohl Einfluss auf unsere Gefühle, wie auch unsere Bedürfnisbefriedigung haben.

Es kommt eher selten vor, dass Menschen nur ein Bedürfnis isoliert haben. Meist treten mehrere zur selben Zeit auf und manchmal widersprechen sich diese sogar. Die Verantwortung für das Differenzieren der Bedürfnisse und für die adäquate Erfüllung liegt immer bei der betroffenen Person. Bedürfniserfüllung kann häufig über mehrere Wege erreicht werden. Diese Wege werden als Strategien bezeichnet. Diese Strategien sind wieder erlernte Verhaltensweisen aus der Kindheit oder aus dem Erwachsenenalter und können jederzeit weiterentwickelt und ausgebaut werden. Sie stellen das dar, was von außen beobachtet werden kann. Möchte jemand also eine Beförderung haben, ist das dahinterstehende Bedürfnis Anerkennung und Wertschätzung, die Strategie um dies zu erfüllen, ist der Wunsch (und vielleicht auch die konkreten Schritte) nach einer Beförderung.

Das bewusste Wahrnehmen, Erkennen und Benennen der eigenen Bedürfnisse ermöglicht es einem, sich auch bewusst für eine funktionale Strategie zu entscheiden. Und so auch dafür zu sorgen, dass man funktionaler mit Gefühlen umgehen kann.

4.2   Zusammenhang von Gedanken und Emotionen

Der Grundsatz „Wir fühlen, wie wir denken!", und damit das Paradigma der Interdependenz von Gedanken und Emotionen, stellen eine zentrale Prämisse der kognitiven Verhaltenstherapie dar. Im Mittelpunkt dieses Konzepts und dieses Behandlungsverfahrens steht:

- das Erkennen der Gedanken,
- die Überprüfung dieser Gedanken auf ihre Situationsadäquanz,
- die Korrektur von irrationalen Gedanken,
- konkrete Verhaltensänderung entsprechend der situationsadäquaten und rationalen Gedanken.

Im Fokus steht damit eine klarere und bewusstere Wahrnehmung. Zudem wird nicht davon ausgegangen, dass eine objektive Wirklichkeit besteht, sondern, dass der Mensch in einer subjektiven, sich verändernden und veränderbaren Realität existiert.

Der Psychologe Aaron T. Beck hat sich sehr intensiv mit dem Zusammenspiel von Gedanken, Gefühlen und Verhalten beschäftigt und in seinem kognitiven Modell beschrieben, wie sich das Denken im Alltag auf die beiden anderen Bereiche auswirkt.

4.2.1 Das kognitive Modell nach Aaron T. Beck

Aaron Beck hat sich zunächst damit beschäftigt, wie genau unsere Kognitionen (Gedanken und Gedankenmuster) erlernt werden und dann, wie sich diese kognitiven Muster auf die Wahrnehmung, das Fühlen und das Handeln auswirken (Beck 1964, 1970).

4.2.1.1 Automatische Gedanken, bedingte Annahmen und Grundannahmen

Kognitionen beeinflussen unsere Wahrnehmung auf drei unterschiedlichen Ebenen, welche man sich auch als unterschiedliche Tiefen vorstellen kann.

Automatische Gedanken

Die Ebene, welche am ehesten an der Oberfläche ist und damit auch am besten zugänglich, ist jene der automatischen Gedanken. Sie finden weit oben im Bewusstsein statt und lenken unsere Aufmerksamkeit und indirekt damit auch unsere Emotionen und unser Verhalten.

Es sind sehr schnell ablaufende Gedanken, die subjektiv richtig erscheinen, häufig aber verzerrt sind.

Automatische Gedanken ergeben sich aus der Interaktion zwischen bedingter Annahme (siehe unten) und Situation, und können meist gut versprachlicht werden. Aufgrund dessen sind sie auch situationsabhängig.

Es werden zwei automatische Gedanken unterschieden.

Erstens funktionale automatische Gedanken. Charakteristisch ist hier, dass ihre Inhalte an der Realität überprüft werden und, sollte es hierbei zu einer Nichtübereinstimmung kommen, angepasst werden können.

Zweitens dysfunktionale automatische Gedanken. Hier kommt es zu keinem Abgleich mit der Realität, bzw. zu keiner Anpassung, wenn es zu einer fehlerhaften Übereinstimmung kommt. Dysfunktionale automatische Gedanken sind erstarrt und unflexibel. Zudem haben sie zur Folge, dass man seine Aufmerksamkeit nicht voll entfalten kann, die eigene Wahrnehmung verzerrt ist, unangenehme Gefühle auftreten, man sich körperlich unwohl fühlt und problematisches Verhalten zeigt.

Zu Problemen führen natürlich nur jene, die nicht der Realität entsprechen.

Aaron Beck unterschied drei Arten von dysfunktionalen automatischen Gedanken:

1. verzerrt trotz objektiver Gegenbeweise,
2. zutreffend und mit falscher Schlussfolgerung,
3. zutreffend und offensichtlich dysfunktional.

Bei dysfunktionalen automatischen Gedanken, welche verzerrt sind, trotz objektiver Gegenbeweise, ist die Wahrnehmung dessen, was passiert, bereits nicht korrekt. Es gibt in der Situation, in der sie auftreten, klare Hinweise dafür da, dass sie fehlerhaft sind.

Beispiel 1: Ein Vorgesetzter spricht mit seiner Mitarbeiterin eine Stunde über eine neue Tätigkeit, welche sie mit übernehmen soll, und beantwortet all ihre Fragen. Danach beendet er das Gespräch. Dennoch bleibt bei der Mitarbeiterin der Gedanke, dass sich ihr Chef nie genügend Zeit für sie nimmt.

Ein dysfunktionales Gedankenmuster, das oft als „Kognition" in der Psychologie bezeichnet wird. In diesem Fall könnte die Mitarbeiterin anhand des Gesprächs mit ihrem Vorgesetzten denken:

„Ich kann nicht glauben, dass er mir nur eine Stunde Zeit gegeben hat, um diese neue Aufgabe zu besprechen. Er nimmt sich nie genug Zeit für mich, um meine Bedenken oder Fragen ausreichend zu beantworten. Er scheint nicht wirklich interessiert zu sein, mir zu helfen."

Die oben beschriebenen Gedanken sind dysfunktional, da sie eine negative Interpretation der Handlungen des Vorgesetzten beinhalten und zu einem verzerrten Bild der Realität führen können. In diesem Fall hat der Vorgesetzte eine Stunde damit verbracht, die neue Aufgabe zu besprechen und Fragen zu beantworten, was auf ein gewisses Maß an Unterstützung hinweist. Die Mitarbeiterin interpretiert jedoch die Handlungen ihres Chefs in einem pessimistischen Licht, was zu Frustration und einem Gefühl der Vernachlässigung führen kann. Dysfunktionale Gedanken wie diese können das Wohlbefinden und die zwischenmenschlichen Beziehungen stark beeinflussen.

Bei der zweiten Art von dysfunktionalen automatischen Gedanken ist die Wahrnehmung zwar korrekt, jedoch wird daraus die falsche Schlussfolgerung gezogen.

Beispiel 2: Der Assistent der Geschäftsführung kommt 25 Minuten zu spät zu einem wichtigen Termin. Beim Eintreffen denkt er: „Ich bin so unprofessionell und inkompetent. Alle Teilnehmer des Meetings werden sauer auf mich sein und das gesamte Meeting wird ein Desaster. Ich kann nichts richtig machen."

In diesem Fall zeigt das Gedankenmuster des Assistenten eine automatische und negative Selbstbewertung, die auf einer einzelnen Verspätung basiert. Diese Art von dysfunktionalen Gedanken kann zu übermäßigem Stress und Ängsten führen, was wiederum das Selbstvertrauen beeinträchtigt sowie die Fähigkeit, konstruktiv mit der Situation umzugehen, beeinflusst. Es ist wichtig, solche Gedanken zu identifizieren und gegebenenfalls zu korrigieren, um eine gesündere Sichtweise zu entwickeln.

Die dritte und letzte Art von Gedanken sind jene, bei denen die Wahrnehmung auch zutreffend ist, die Schlussfolgerung aber nicht falsch, sondern offensichtlich dysfunktional ist.

Beispiel 3: Nachdem eine Anwältin einen Prozess für ihren Klienten verloren hat, überkommen sie negative Gedanken. Sie denkt, dass sie, um Rechtsmittel einzulegen und den Fall neu zu verhandeln, sehr viel arbeiten muss. Gleichzeitig ist sie fest davon überzeugt, dass sie das nicht schafft, da sie bereits jetzt kaum Zeit hat und überlastet ist.

Die dysfunktionale Natur dieser Gedanken liegt darin, dass die Anwältin sich auf das Gefühl der Überforderung und Unfähigkeit konzentriert. Diese Gedanken können zu zusätzlichem Stress und einer negativen Einstellung führen, die es schwieriger machen, konstruktive Lösungen zu finden.

Die funktionale Alternative wäre, wenn die Anwältin den Gedanken hätte, dass sie jetzt viel Arbeit vor sich hat, um diesen Fall und andere, für die sie verantwortlich ist, zu bearbeiten. Gleichzeitig ist sie davon überzeugt, dass sie in der Lage ist, dies zu bewältigen. Diese Einstellung ermutigt sie dazu, sich auf Lösungen zu konzentrieren, effizient zu arbeiten und die notwendigen Schritte zu unternehmen, um den Fall neu zu verhandeln. Dies würde zu einem positiveren und produktiveren Denkmuster führen.

Bedingte Annahmen

Bedingte Annahmen stehen zwischen den automatischen Gedanken und den Grundannahmen. Sie arbeiten nach dem Wenn-dann-Prinzip. Ihre Aufgabe ist es, über uns selbst, über andere und über die Welt Vorhersagen zu treffen.

Sie sind, genauso wie die Grundannahmen nicht wirklich direkt zugänglich, zeigen und äußern sich aber in den automatischen Gedanken. In den bedingten Annahmen zeigen sich die Erwartungen und auch die Befürchtungen in Bezug auf die eigene Person, die Menschen im sozialen Umfeld und die Welt im Allgemeinen. Und dadurch beeinflussen sie auch, was wir wie wahrnehmen, was und wie wir uns fühlen und wie es uns körperlich geht bzw. was für ein Verhalten wir zeigen.

Beispiel: „Nur wenn ich immer perfekt bin und nie einen Fehler mache, habe ich es verdient, wertgeschätzt zu werden."

Die Dysfunktionalität dieser Gedanken liegt in der unrealistischen und anspruchsvollen Selbstbewertung. Die Person setzt sich selbst unter enormen Druck, indem sie sich ein unrealistisches Maß an Perfektion auferlegt. Dies kann zu Angst, Selbstzweifeln und einem ständigen Gefühl der Unzulänglichkeit führen. In Wirklichkeit ist es gesund und menschlich, Fehler zu machen, und das Verlangen nach ständiger Perfektion kann ungesunde Stressniveaus verursachen. Es ist wichtig, solche Gedanken zu erkennen und anzugehen, um eine gesündere Selbstbewertung zu entwickeln.

Grundannahmen

Grundannahmen sind sozusagen der Kern der Kognitionen. Sie bilden sich als kognitives Konzentrat unserer Erfahrungen im Leben aus. Zudem zeigen sie sich als sehr robust, stabil und leider auch veränderungsresistent. Ein direkter bewusster Zugang zu ihnen ist nicht unmittelbar möglich.

Grundannahmen beinhalten die ganz basalen und grundsätzlichen Überzeugungen eines Menschen über sich selbst, die Menschen um ihn herum und über die Welt. Damit sind sie auch eine Grundlage für das Selbstkonzept. Ihre Formulierung geht meist einher mit den Worten „immer", „nie", usw.

Beispiel: „←Ich bin ein Versager."

Situation:
Ein Chef hat soeben eine Besprechung einberufen, um die Fortschritte in einem aktuellen Projekt zu besprechen. Während der Präsentation der Projektfortschritte äußert der Chef unerwartet und mit großer Schärfe starke Kritik an der Arbeit des Teams. Er zeigt auf diverse Mängel und Defizite im Projekt und äußert sich enttäuscht über die bisherigen Ergebnisse. Die Stimmung im Raum ist angespannt, und die Teammitglieder fühlen sich verunsichert und demotiviert.

Grundannahme:
In dieser Situation denkt einer der Teammitglieder, Sarah, für sich selbst: „Ich bin ein Versager und mache es nie richtig." Diese Grundannahme ist tief in ihrem Selbstwertgefühl verankert. Sie neigt dazu, ihre eigene Identität und Selbstwertigkeit stark mit ihrer beruflichen Leistung und Anerkennung zu verknüpfen. Jeder Rückschlag oder jede Kritik, insbesondere von Autoritätspersonen wie dem Chef, fuhrt bei ihr dazu, dass sie sich als unfähig und minderwertig betrachtet.

Reaktion von Sarah:
Nach der Besprechung zieht sich Sarah in ihr Büro zurück, um allein zu sein. Sie fühlt sich von der Kritik des Chefs tief getroffen und von Selbstzweifeln überwältigt. In ihrem Büro beginnt sie, die Kritik und die Worte ihres Chefs immer wieder in ihrem Kopf zu wiederholen. Sie stellt ihre Fähigkeiten und Qualitäten infrage und fragt sich, ob sie überhaupt in der Lage ist, erfolgreich in diesem Projekt zu arbeiten. Sie beginnt fest daran zu glauben, dass der Chef sie von diesem Projekt in Kürze abziehen wird.

Sarah wird von starken negativen Emotionen überwältigt, darunter Angst, Unsicherheit und ein Gefühl der Wertlosigkeit. Diese Gedanken und Gefühle hindern sie daran, konstruktive Schritte zur Verbesserung des Projekts zu unternehmen. Stattdessen fühlt sie sich paralysiert und unfähig, effektiv zu handeln.

Die Grundannahme von Sarah – „Ich bin ein Versager und mache es nie richtig" – verstärkt die negativen Emotionen und blockiert ihre Fähigkeit, mit der Kritik konstruktiv umzugehen. Um diese Herausforderung zu bewältigen, muss Sarah lernen, ihre Gedankenmuster zu erkennen und zu hinterfragen, um ein gesünderes Selbstwertgefühl und eine konstruktivere

Herangehensweise an berufliche Rückschläge zu entwickeln. Es ist wichtig, Unterstützung und professionelle Hilfe in Anspruch zu nehmen, um diese tief verwurzelten Überzeugungen zu überwinden und sich auf beruflicher Ebene weiterzuentwickeln.

Zusammenfassung

Situation:	Chef äußert starke Kritik an der Arbeit des aktuellen Projekts.
Aktivierte Grundannahme:	„Ich bin ein Versager und mache es nie richtig."
Aktivierte bedingte Annahme:	„Ich muss immer alles richtig machen, sonst bin ich nichts wert."
Automatischer Gedanke:	„Der Chef wird mich von diesem Projekt abziehen."
Konsequenz:	*Wahrnehmung:* alle Faktoren, die für einen Abzug vom Projekt sprechen, werden selektiv wahrgenommen
Gefühl:	Angst
Körper:	hohe innere Anspannung, schneller Herzschlag, Schwitzen
Handlungsimpuls:	Büro sofort verlassen und weglaufen
Konkretes Verhalten:	am nächsten Tag nicht mehr auf Arbeit gehen

4.2.2   Das ABC-Modell nach Albert Ellis

Der US-amerikanische Psychologe Albert Ellis hat das Modell von Beck aufgegriffen, modifiziert und weiterentwickelt. Er entwickelte die „rational-emotive Verhaltenstherapie", deren zentraler Baustein das sogenannte ABC-Modell ist (Ellis 1975).

A – aktivierendes Ereignis
Das A im ABC-Modell steht für **a**ctivating event, also auslösendes Ereignis, wobei es sich hierbei sowohl um ein externes, wie auch ein internes Ereignis handeln kann.

Ein externes Ereignis wäre z. B. die Absage nach einer Bewerbung. Ein internes Ereignis wiederrum wäre das Auftreten von Rückenschmerzen.

B – beliefs/Überzeugungen
Durch das aktivierende Ereignis werden die inneren Überzeugungen ausgelöst. Diese Überzeugungen sind nun dass, was die jeweilige Person dem äußeren oder inneren Ereignis zuschreibt.

Albert Ellis fasst hier die Grundannahmen und die bedingten Annahmen von Aaron Beck zusammen und nennt sie „beliefs".

Zudem erweitert er diese noch um den Faktor „Bewertung". Diese können nun rational oder irrational sein. Rationale Bewertungen sind logisch, empirisch belegbar und situationsangemessen. Irrationale hingegen sind dementsprechend unlogisch, empirisch nicht belegbar, situationsunangemessen. Irrationale Bewertungen führen zu einem unangenehmen Körpergefühl sowie zu dysfunktionalen Verhaltensweisen.

Irrationale Bewertungen sind oft absolut formuliert, also z. B. „ich muss immer", „ich darf nie".

Albert Ellis teilte die irrationalen Bewertungen in vier Kategorien ein.

Absolute Forderung

Hierbei handelt es sich um „Muss-Bewertung" („Ich muss immer …", „Andere müssen immer …", „Die Umstände müssen immer so und so sein, damit …").

Diese absoluten Forderungen betreffen die eigene Person, die anderen und die Welt, wie bei den Grundannahmen bei Aaron Beck.

Beispiel: „Ich muss immer die Kontrolle haben."

Globale negative Selbst- oder Fremdbewertung

Es wird keine differenzierte Bewertung oder Beschreibung vorgenommen, sondern es wird global und negativ geurteilt. Diese Urteile betreffen wieder die eigene Person, die anderen oder die Welt.

Beispiel: „Meine Mitmenschen interessieren sich nie für mich."

Katastrophendenken

In negativen Situationen werden übertrieben schlimme Konsequenzen angenommen.

Beispiel: „Ich würde es nicht überstehen, wenn ich das Projekt verliere."

Niedrige Frustrationstoleranz

Treten negative Situationen auf, werden sie fehlerhaft als nicht ertragbar und unaushaltbar bewertet.

Beispiel: „Ich kann es nicht aushalten, wenn ich nicht recht habe."

C – consequences/Konsequenzen

Zuletzt folgt C, für „consequences", also Konsequenzen. Sie kommen auf allen Ebenen, also Gefühl, Körper und Verhalten vor. Sie stellen häufig das beobachtbare Problemverhalten dar.

Konsequenzen von irrationalen Bewertungen sind Handlungsweisen und Gefühle, welche einen daran hindern, seine Ziele zu erreichen und sich gut zu fühlen.

4.2.2.1 Kognitive Verzerrungen

Der US-amerikanische Psychologe Albert Ellis soll einmal gesagt haben: „Wenn die Marsmenschen eines Tages herausfinden, was die Menschen denken, lachen sie sich tot".

Das menschliche Gehirn hat die Fähigkeit zu enormen Leistungen. Es kann hochabstrakt und logisch die kompliziertesten Leistungen erbringen. Und zum Teil arbeitet es auch hocheffektiv und sehr präzise. Leider ist das Denken in Kognitionen aber auch sehr anfällig für Fehler, sogenannte kognitive Verzerrungen. Sie wurden von Aaron T. Beck 1979 beschrieben und tragen, seiner Ansicht nach, zur Aufrechterhaltung von psychischen Symptomen und Störungen bei (Beck 1979, 2011).

Bei einer kognitiven Verzerrung kommt es zu einer gedanklichen Fehlbewertung, welche die Wahrnehmung oder die Interpretation der eigenen oder einer anderen Person oder einer Situation betrifft. Zwischen den Gedanken und der objektiven Wirklichkeit kommt es zu einer Lücke. Die Gedanken erfassen nicht mehr die Realität, sondern versuchen vorbestehende Überzeugungen zu bewahren. Hierdurch kommt es nicht zu einer korrigierenden Erfahrung und zu einer Veränderung bzw. Anpassung der Gedanken. Diese gedanklichen Prozesse laufen meist unbewusst ab. Werden einem jedoch die Abläufe der kognitiven Verzerrung klar, ist es möglich, durch die Betrachtung aus eine Metaperspektive heraus, sie bewusst werden zu lassen.

Im Folgenden sehen wir uns die häufigsten kognitiven Verzerrungen genauer an.

4.2.2.1.1 Katastrophisierung

Diese Form der kognitiven Verzerrung tritt häufig im Zusammenhang mit depressiven und ängstlichen Symptomen auf. Beim Katastrophisieren kommt es streng genommen zu zwei Denkfehlern:

Erstens wird davon ausgegangen, dass ein bestimmtes dramatisches Ereignis auftreten wird bzw. sehr wahrscheinlich auftreten wird. Eine tatsächliche objektive Einschätzung dessen, wie wahrscheinlich es zum Eintreten des befürchteten Ergebnisses kommt, gibt es nicht. Zudem werden andere mögliche Optionen, die wahrscheinlicher oder unwahrscheinlicher auftreten können, nicht gesehen. Es findet eine Einengung auf ein bestimmtes, befürchtetes Endergebnis statt.

Zweitens gibt es den Gedanken, dass dieses Ereignis unbewältigbar für die Person ist. Es gibt keinen Zugriff auf die persönlichen Ressourcen, Bewältigungsstrategien und Coping-Mechanismen. Die Option, dass, selbst wenn das Worstcase-Szenario eintreten würde, auch dieses überstanden, überlebt und bewältigbar ist, wird nicht gedacht.

Es kommt also in zweierlei Hinsicht zu einer Hilflosigkeit.

<u>Wie damit umgehen?</u>

Um dem eigenen Katastrophisieren auf die Schliche zu kommen, hilft der Realitätscheck. Machen Sie sich folgendes klar:

- Welche anderen Erklärungen bzw. Ergebnisse sind möglich? Wie hoch ist jeweils die logische Wahrscheinlichkeit?
- Was wären weniger schreckliche Erklärungen?
- Was kann ich tun, um die Situation zu bewältigen?
- Wie kann ich das Schlimmste akzeptieren oder damit umgehen?

Beispiel 1:

Situation:

Eine Vertriebsmitarbeiterin, Susanne, hat gerade einem vielversprechenden Kunden ein Vertragsangebot geschickt, das dieser unterschreiben und zurückschicken sollte. Dieser Kunde ist entscheidend für Susannes Erfolg im Unternehmen, da das Projekt sehr lukrativ ist und einen großen Umsatz für die Firma verspricht.

Katastrophisierende Gedanken:

Nachdem Susanne den Vertrag an den Kunden verschickt hat, erwartet sie, dass dieser am selben Tag oder spätestens am nächsten Tag den unterschriebenen Vertrag zurückschickt. Als jedoch einige Tage vergehen und der Vertrag immer noch nicht zurückgekommen ist, beginnt Susanne, katastrophisierende Gedanken zu entwickeln.

Sie denkt: „Der Kunde hat nicht am selben Tag noch den unterschriebenen Vertrag zurückgesendet. Das kann nur bedeuten, dass er ihn gar nicht unterschreiben wird. Dadurch wird mein Chef mich nie wieder mit einem so wichtigen Projekt beauftragen. Wahrscheinlich denkt er eh schon darüber nach, mich loszuwerden. Am besten kündige ich selbst, bevor ich gefeuert werde."

Reaktion von Susanne:

Diese katastrophisierenden Gedanken führen dazu, dass Susanne sich extrem gestresst und ängstlich fühlt. Sie beginnt, in Panik zu geraten und fragt sich, wie sie ohne dieses Projekt ihre Position im Unternehmen behalten kann. Ihr Schlaf leidet, und sie ist nicht mehr in der Lage, sich auf andere Arbeitsaufgaben zu konzentrieren.

Um die vermeintliche Katastrophe zu verhindern, denkt Susanne sogar darüber nach, das Unternehmen von sich aus zu verlassen, um sich vor einer vermeintlichen Entlassung zu schützen.

Bewältigung der katastrophisierenden Gedanken:

Susanne sollte sich bewusst machen, dass ihre Gedanken übertrieben und irrational sind. Der fehlende Vertragsrücklauf des Kunden könnte viele Gründe haben, die nichts mit ihrer Leistung oder ihrem Job zu tun haben. Anstatt sofort die schlimmsten Schlussfolgerungen zu ziehen, sollte Susanne in Ruhe mit dem Kunden kommunizieren und nachfragen.

Es wäre auch hilfreich für Susanne, mit einem Vorgesetzten oder einem Kollegen über ihre Ängste und Sorgen zu sprechen, um eine realistischere Perspektive zu gewinnen. Durch Achtsamkeitsübungen und Entspannungstechniken könnte sie zudem ihre Stressreaktionen in den Griff bekommen und ihre Gedankenmuster positiver gestalten. Es ist wichtig zu verstehen, dass katastrophisierende Gedanken oft unbegründet sind und dass es Wege gibt, mit ihnen umzugehen und sie zu überwinden.

Beispiel 2:

Situation:

Tom, ein 45-jähriger Mann, leidet seit einiger Zeit unter wiederkehrenden Rücken-schmerzen. Diese Schmerzen sind unangenehm, aber bisher nicht besonders intensiv oder anhaltend gewesen. Als er eines Tages auf der Arbeit plötzlich einen stechenden Schmerz in seinem unteren Rücken verspürt, gerät er in Panik.

Katastrophisierende Gedanken:

Tom denkt unmittelbar: „Die immer wieder auftretenden Schmerzen in meinem Rücken kommen bestimmt vom Herzen. Ich bin sicher kurz vor einem Herzinfarkt und werde wohl bald sterben." Diese Gedanken sind geprägt von katastrophisierendem Denken. Tom malt sich das schlimmstmögliche Szenario aus und überbewertet die Bedeutung seiner Rückenschmerzen.

Reaktion von Tom:

Tom wird von Angst und Panik überwältigt. Er beginnt, nach Symptomen eines Herzin-farkts zu suchen, wie beispielsweise Schmerzen in der Brust, Atemnot und Schweißaus-brüche. Jedes kleine Unwohlsein in seinem Körper interpretiert er als weiteren Hinweis auf einen bevorstehenden Herzinfarkt. Er informiert seine Kollegen über seine Gedanken und bittet sie, den Notarzt zu rufen.

Der Notarzt trifft ein und führt eine gründliche Untersuchung durch, einschließlich eines Elektrokardiogramms (EKG). Das EKG zeigt keine Anzeichen eines Herzinfarkts. Trotzdem kann Tom die katastrophisierenden Gedanken nicht abschütteln. Er ist weiterhin fest davon überzeugt, dass er kurz vor einem lebensbedrohlichen Ereignis steht.

Konsequenzen:

Die katastrophisierenden Gedanken von Tom führen zu übermäßiger Angst und Panik. Er verbringt Stunden im Krankenhaus und wird medizinisch durchgecheckt, obwohl es keine Hinweise auf einen Herzinfarkt gibt. Dies führt nicht nur zu emotionaler Belastung, sondern auch zu erheblichen Kosten und Zeitverschwendung im Gesundheitssystem.

Bewältigung:

Um mit katastrophisierenden Gedanken umzugehen, ist es wichtig, dass Tom lernt, diese Gedanken zu erkennen und zu hinterfragen. Ein gesunderer Ansatz wäre, seine Rücken-schmerzen ernst zu nehmen, aber nicht gleich das Schlimmste anzunehmen. Er sollte sich von einem Arzt untersuchen lassen, um die Ursache der Schmerzen herauszufinden. Zudem wäre es hilfreich, professionelle Hilfe in Anspruch zu nehmen, um seine Ängste und Gedankenmuster anzugehen und Strategien zur Bewältigung von Angst und Panik zu erlernen. Es ist entscheidend, die Gedanken in den Kontext zu setzen und realistischere Interpretationen zu fördern.

4.2.2.1.2 Emotionale Beweisführung

Die emotionale Beweisführung kommt besonders dann zum Tragen, wenn Menschen unter Stress geraten. Die menschlichen Emotionen sind dafür gedacht, schnell ablaufende Verhaltensweisen und Interpretationen zu initiieren, die das Überleben sichern sollen. Je höher der Stress ist, desto eher greift der Mensch auf diese jahrtausendalten Muster zurück.

In der Stresssituation werden ein bestimmtes Gefühl und ein entsprechender Handlungsimpuls wahrgenommen. Diese werden dann als Grundlage für eine Schlussfolgerung hergenommen. Eine erneute objektive kognitive Bewertung wird nicht durchgeführt. Die Gefühle, welche hier als Beweis für die Richtigkeit der Situationseinschätzung herangezogen werden, sind meist nicht objektiv, sondern gefärbt durch die bisherigen Lebenserfahrungen, Befürchtungen und Ängste.

Es kommt hierbei zur sogenannten „confirmation bias" (= Bestätigungsfehlers). Das wahrgenommene Gefühl führt dazu, dass nur jene Wahrnehmungen und Informationen gewertet werden, welche die bereits vorbestehende Überzeugung bestätigen. Ein objektiver Realitätsabgleich findet nicht statt.

Häufige Situationen, in denen es zu dieser Form des Denkfehlers kommt, sind Stresssituationen, wenn in kurzer Zeit eine sehr hohe Dichte an Informationen einströmt, oder wenn die Situation als sehr bedrohlich erlebt wird.

Emotionen sind also für die Entscheidung darüber, ob eine Annahme richtig oder falsch ist, völlig ungeeignet.

Man darf an dieser Stelle die emotionale Beweisführung, als kognitive Verzerrung, nicht mit dem Begriff Intuition verwechseln.

Beispiel 1:
Situation:
Eine Projektmanagerin, Lisa, hat gerade an einem wichtigen Meeting mit ihrem Vorgesetzten, dem Chef des Unternehmens, teilgenommen. Während des Gesprächs hat der Chef einige kritische Fragen gestellt und Anmerkungen gemacht, die Lisa als herausfordernd empfunden hat. Das Meeting endete ohne klare Hinweise darauf, wie es weitergehen soll.

Emotionale Beweisführung:
Nach dem Meeting fühlt sich Lisa besorgt und verunsichert. Sie denkt: „Ich hatte nach dem Termin mit dem Chef schon so ein ungutes Gefühl. Das kann nur bedeuten, dass ich aus dem Projekt raus bin."

Lisa sucht nach Beweisen für ihre Annahme. Sie erinnert sich daran, dass der Chef sie in der Vergangenheit schon einmal kritisch beurteilt hat und dass er während des Meetings nicht besonders begeistert von ihren Vorschlägen schien. Sie denkt, dass sein Verhalten ein klares Zeichen dafür ist, dass er mit ihrer Arbeit unzufrieden ist.

Lisa beginnt, diese Gedanken zu verstärken, indem sie sich selbst überzeugt, dass sie aus dem Projekt entfernt wird. Sie erinnert sich an all die Momente, in denen sie sich in ähnlichen Situationen unsicher gefühlt hat, und kommt zu dem Schluss, dass sie nicht gut genug für ihre Rolle ist. Diese Annahme löst bei ihr starke negative Emotionen aus, darunter Angst vor Arbeitsplatzverlust und das Gefühl, unzureichend zu sein.

Reaktion von Lisa:

Die emotionale Beweisführung führt dazu, dass Lisa stark gestresst und besorgt ist. Sie beginnt, ihre Arbeit zu hinterfragen und zweifelt an ihrer Fähigkeit, erfolgreich in ihrem Job zu sein. Die negativen Emotionen, die sie empfindet, beeinträchtigen ihre Arbeitsfähigkeit und ihre zwischenmenschlichen Beziehungen.

Lisa könnte in dieser Situation von einem klaren Gespräch mit ihrem Vorgesetzten profitieren, um Klarheit über seine Erwartungen und seine Meinung zu bekommen. Dies könnte dazu beitragen, ihre irrationalen Ängste zu zerstreuen und ihr Selbstvertrauen zu stärken.

Es ist wichtig zu verstehen, dass emotionale Beweisführung dazu neigt, Menschen in eine negative Denkschleife zu ziehen. Es ist hilfreich, solche Denkmuster zu erkennen und infrage zu stellen, um eine realistischere Perspektive auf die Situation zu gewinnen.

Beispiel 2:

Situation:

Max ist Mitglied des Vorstands eines Unternehmens und arbeitet eng mit einer Kollegin namens Sarah zusammen. Sie treffen sich regelmäßig zu Vorstandssitzungen und Besprechungen, um wichtige geschäftliche Angelegenheiten zu diskutieren.

Emotionale Beweisführung:

Während der Besprechungen mit Sarah beginnt Max, strake negative Emotionen zu empfinden. er denkt: „Wenn ich mit meiner Vorstandskollegin in einer Besprechung bin, habe ich immer Angst vor ihr. Sie mag mich bestimmt nicht und versucht mir zu schaden und mich loszuwerden. Sie ist gefährlich für mich."

Max interpretiert jede Handlung oder Äußerung von Sarah als Zeichen ihrer feindlichen Absichten. Er glaubt, dass Sarah absichtlich versucht, ihn zu diskreditieren oder seine Autorität im Vorstand zu untergraben. Diese Überzeugung verstärkt Max' Ängste und führt dazu, dass er sich in der Gegenwart von Sarah unwohl und ängstlich fühlt.

Reaktion von Max:

Die emotionale Beweisführung führt dazu, dass Max sich in der Gegenwart von Sarah ängstlich und misstrauisch fühlt. Er ist nervös und unsicher in seiner Interaktion mit ihr und neigt dazu, sich zurückzuziehen oder seine Meinung nicht zu äußern, um Konfrontationen zu vermeiden.

Max versucht, sich vor vermeintlichen Angriffen von Sarah zu schützen, indem er ihr gegenüber misstrauisch ist und sich defensiv verhält. Diese Reaktion beeinträchtigt die Arbeitsbeziehung zwischen Max und Sarah und kann auch die Effektivität des Vorstands und das Arbeitsklima im Unternehmen beeinträchtigen.

Um diese Denkmuster zu überwinden, wäre es hilfreich für Max, seine Gedanken zu hinterfragen und sich bewusst zu machen, dass seine Interpretationen möglicherweise nicht der Realität entsprechen. Er könnte versuchen, mit Sarah offen über einige seiner Bedenken zu sprechen, um Missverständnisse zu klären und eine konstruktive Arbeitsbeziehung aufzubauen. Darüber hinaus konnte Max von Selbstreflexion und Achtsamkeitsübungen profitieren, um seine Ängste und Sorgen zu bewältigen und eine positivere Einstellung zu entwickeln.

4.2.2.1.3 Gedankenlesen

Bei dieser kognitiven Verzerrung geht es darum, dass geglaubt wird, zu wissen was eine andere Person denkt. Es wird also angenommen, dass man schon weiß, was der andere denkt, bevor man ihn überhaupt gefragt hat, was er denkt. Beim Gedankenlesen schließt die Person aus früheren Erfahrungen, aus ähnlichen Situationen oder mit ähnlichen Personen, auf die aktuelle Situation. Die Ängste und Befürchtungen, dass sich die Erfahrungen von früher wiederholen, führen dazu, dass jegliche Andeutungen, welche in diese Richtung gehen, dazu einladen, dass die betroffene Person denkt, schon zu wissen was das Gegenüber denkt. Gedankenlesen geht häufig einher mit ängstlichen und depressiven Syndromen.

Wie damit umgehen?
Man neigt dazu, genau das zu sehen, vor dem man sich am meisten fürchtet, deshalb:

- Daran denken, dass man falsch liegen könnte mit der eigenen Annahme.
- Nach alternativen Gründen suchen.
- Ganz offensiv mehr Information erfragen, z. B. was die andere Person gerade denkt.

Beispiel:
Situation:
  Ein Mitarbeiter, David, hat soeben seine wöchentliche Besprechung mit seiner Chefin, Emily, beendet. Während des Gesprächs hat er bemerkt, dass Emily ihn mehrmals mit einem intensiven Blick angesehen hat. Obwohl Emily keine konkreten kritischen Kommentare gemacht hat, hat David das Gefühl, dass er weiß, was sie über ihn denkt.

Gedanken des Gedankenlesens:
  Nach der Besprechung verlässt David das Büro seiner Chefin und denkt: „Wenn meine Chefin mich mit diesem Blick ansieht, weiß ich schon genau, was sie über mich denkt, nämlich, dass ich wieder zu langsam gearbeitet habe."
  David geht davon aus, dass er die Gedanken von Emily gelesen hat, basierend auf ihrem Blick. Er nimmt an, dass sie unzufrieden mit seiner Arbeitsleistung ist, ohne dass sie es explizit ausgedrückt hat. Er zieht diesen Schluss allein aufgrund ihrer Mimik und ihres Blickes.

Reaktion von David:

Die Annahme, Emily habe ihn kritisch beurteilt, löst bei David negative Emotionen aus. Er fühlt sich unbehaglich und besorgt über seine berufliche Leistung. Diese Annahme beeinflusst auch seine Selbstsicherheit, da er glaubt, dass er es nie recht machen kann.

Um sich vor vermeintlicher Kritik und negativem Feedback zu schützen, könnte David versuchen, Überstunden zu machen, um schneller zu arbeiten, was zu erhöhtem Stress und Erschöpfung führt. Gleichzeitig beeinflusst die kognitive Verzerrung des Gedankenlesens seine Interaktionen mit Emily, da er nervös oder defensiv sein könnte, wenn er mit ihr spricht.

Es ist wichtig zu verstehen, dass Gedankenlesen eine kognitive Verzerrung ist, die zu ungenauen Schlussfolgerungen führt. Um solche Denkmuster zu überwinden, ist es hilfreich, mit anderen offen zu kommunizieren und keine voreiligen Schlüsse zu ziehen. In diesem Fall könnte David von einem klaren Gespräch mit Emily profitieren, um ihre tatsächliche Meinung über seine Arbeitsleistung zu erfahren.

4.2.2.1.4 Willkürliches Schlussfolgern

Die kognitive Verzerrung der willkürlichen Schlussfolgerung bedeutet, dass ohne ausreichende Beweismaterialien Schlüsse gezogen werden.

<u>Wie damit umgehen?</u>

- Machen Sie sich bei jeder Schlussfolgerung klar, auf welcher Beweislage sie diese ziehen.
- Was ist das Erklärungsmodell, auf dem diese Schlussfolgerung basiert?
- Sind alle Informationen bedacht worden?
- Gibt es Informationen, die eventuell nicht vorliegen, aber für eine Schlussfolgerung nötig sind?

<u>Beispiel:</u>
Situation:

Anna hat vor Kurzem eine neue Position als Abteilungsleiterin in einem großen Unternehmen angetreten. An ihrem ersten Arbeitstag traten einige unerwartete Probleme auf, darunter technische Schwierigkeiten bei der Einrichtung ihres Computers und Kommunikationsprobleme mit ihrem Team.

Willkürliche Schlussfolgerung:

Nach diesem ersten, herausfordernden Arbeitstag zieht Anna den Schluss: „Die Probleme an meinem ersten Arbeitstag in der neuen Firma haben mir gezeigt, dass ich der neuen Rolle als Abteilungsleiterin nicht gewachsen bin."

Anna geht davon aus, dass sie aufgrund der Schwierigkeiten an ihrem ersten Tag nicht in der Lage ist, die Anforderungen ihrer neuen Position zu erfüllen. Sie sieht diese Schwierigkeiten als Beweis dafür, dass sie nicht in der Lage ist, in der Rolle als Abteilungsleiterin erfolgreich zu sein.

Reaktion von Anna:

Diese willkürliche Schlussfolgerung führt dazu, dass Anna starke Selbstzweifel und Unsicherheit entwickelt. Sie beginnt zu glauben, dass sie nicht gut genug für die Position ist und sich nicht weiterentwickeln kann. Dies beeinflusst ihre Motivation und ihre Fähigkeit, die neuen Herausforderungen anzunehmen.

Statt die Schwierigkeiten als vorübergehende Hindernisse zu betrachten, die oft mit einem neuen Job einhergehen, neigt Anna dazu, die Probleme überzubewerten und sie als Zeichen ihrer eigenen Unfähigkeit zu interpretieren. Dies kann dazu führen, dass sie sich zurückzieht, sich nicht mehr aktiv in ihre Aufgaben einbringt und letztendlich ihre berufliche Entwicklung behindert.

Um diese Gedankenverzerrung zu überwinden, wäre es ratsam, sich daran zu erinnern, dass viele Menschen an ihrem ersten Arbeitstag auf Herausforderungen stoßen. Es ist wichtig, sich selbst nicht aufgrund von vorübergehenden Schwierigkeiten zu verurteilen, sondern vielmehr an der persönlichen Entwicklung zu arbeiten und die erforderlichen Fähigkeiten und Kenntnisse zu erwerben, um in der neuen Rolle erfolgreich zu sein. Eine realistische Selbsteinschätzung und Geduld sind dabei entscheidend.

4.2.2.1.5 Übergeneralisierung

Die Übergeneralisierung ist der willkürlichen Schlussfolgerung nicht unähnlich. In beiden Fällen wird aufgrund einer unzureichenden Beweislage eine allgemeingültige Schlussfolgerung gezogen.

Bei der Übergeneralisierung liegt der Schlussfolgerung eine einzelne frühere Erfahrung zugrunde, welche die betroffene Person dazu bringt, eine Allgemeingültigkeit aufzustellen. Es wird damit fehlerhaft von spezifischen Einzelsituationen auf das allgemeingültige Ganze geschlossen. In der Philosophie wird ein derartiger Vorgang als Induktionsproblem beschrieben.

Übergeneralisierungen sind häufig an Wörter wie „nie", „immer", „niemand", „jeder" usw. geknüpft.

Wie damit umgehen?

- Versuchen Sie die Schlussfolgerung objektiv zu betrachten. Wie würde ich die Situation einschätzen, wenn es nicht mich, sondern eine Kollegin/einen Kollegen betrifft?
- Versuchen Sie präzise zu bleiben, in der Beschreibung der Situation.
- Achten Sie auf Signalwörter wie „immer", „nie", „jeder" oder „niemand".

Beispiel:
Situation:

Eine Mitarbeiterin, Sarah, hat sich bereits dreimal für eine Beförderung in ihrem Unternehmen beworben, wurde jedoch bei jeder Gelegenheit nicht ausgewählt. Sie ist frustriert und enttäuscht von den wiederholten Ablehnungen und fühlt sich in ihrer Karriereentwicklung blockiert.

Gedanken der Übergeneralisierung:

Sarah beginnt, über ihre berufliche Zukunft nachzudenken und denkt: „Ich habe mich jetzt dreimal auf die Beförderung beworben und bin nicht genommen worden, ich werde nie befördert werden."

Sie zieht aus den wiederholten Ablehnungen den Schluss, dass sie niemals eine Beförderung erhalten wird. Statt die Ablehnungen als Einzelfälle zu betrachten, übergeneralisiert sie die Situation und projiziert sie auf ihre gesamte berufliche Laufbahn. Sie glaubt, dass sie aufgrund dieser Erfahrungen nie die Chance auf beruflichen Aufstieg erhalten wird.

Reaktion von Sarah:

Die Übergeneralisierung führt dazu, dass Sarah sich entmutigt und hoffnungslos fühlt. Sie verliert das Vertrauen in ihre Fähigkeiten und sieht keinen Sinn darin, sich weiterhin für Beförderungen zu bewerben. Ihr Selbstwertgefühl wird beeinträchtigt, und sie fühlt sich in ihrer beruflichen Entwicklung blockiert.

Als Reaktion auf diese Gedanken könnte Sarah auch ihre Bemühungen um berufliche Weiterentwicklung einstellen. Sie könnte aufhören, sich für Beförderungen oder neue berufliche Chancen zu bewerben, da sie davon überzeugt ist, dass sie ohnehin nie erfolgreich sein wird.

Um die kognitive Verzerrung der Übergeneralisierung zu überwinden, ist es wichtig, die Erfahrungen einzeln zu betrachten und zu erkennen, dass mehrere Ablehnungen nicht zwangsläufig auf die Unfähigkeit zur Beförderung hinweisen. Sarah könnte von Gesprächen mit Vorgesetzten oder Mentoren profitieren, um konstruktives Feedback zu erhalten und ihre Bewerbungsstrategien zu verbessern. Es ist wichtig zu verstehen, dass Rückschläge in der Karriere nicht das Ende der beruflichen Entwicklung bedeuten, sondern Chancen zur Verbesserung bieten.

4.2.2.1.6 Alles-oder-nichts-Denken/Schwarz-Weiß-Denken

Bei Alles-oder-nichts-Denken, auch Schwarz-Weiß-Denken genannt, wird nur in zwei Kategorien gedacht. Es werden keinen Zwischenstufen mitgedacht. Es werden nur die jeweiligen Extreme eines Kontinuums gesehen. Es wird in den Kategorien "gut" und "schlecht", oder "Freund" und "Feind" gedacht. Solch eine Denkweise führt zu enormen Versagensängsten und Leistungsdruck.

Wie damit umgehen?

- Führen Sie einen Realitätscheck durch. Was für andere Möglichkeiten gibt es noch?
- Versuche Sie vom Alles-oder-nichts-Denken zum Sowohl-als-auch-Denken zu gehen.

- Welche Zwischenstufen übersehen Sie?

Beispiel:
Situation:
Ein Mitarbeiter, Max, steht vor einer bevorstehenden Präsentation vor seinen Vorgesetzten. Diese Präsentation ist ein wichtiger Teil seines Jahresberichts, der die Leistung und den Fortschritt seines Teams im vergangenen Jahr zusammenfasst.

Schwarz-Weiß-Denken:
Max beginnt, über die bevorstehende Präsentation nachzudenken, und denkt: „Die Präsentation, die ich vor meinen Vorgesetzten machen muss, wird entweder ein riesiger Erfolg oder ein totaler Reinfall. "
Er betrachtet die möglichen Ergebnisse der Präsentation in extremen und absoluten Begriffen. Entweder wird die Präsentation als herausragend und fehlerfrei gelten, oder sie wird als totaler Misserfolg und Katastrophe wahrgenommen. Max lässt keinen Raum für eine mittlere Bewertung oder Zwischenergebnisse zu. Er denkt, dass es nur zwei extreme Möglichkeiten gibt, und es gibt keine Nuancen oder Abstufungen dazwischen.

Reaktion von Max:
Das Schwarz-Weiß-Denken löst bei Max starke Angst und Druck aus. Er fühlt sich überwältigt von der Vorstellung, dass die Präsentation nur in zwei Extremen bewertet werden kann. Diese Gedanken verstärken seinen Stress und führen dazu, dass er sich unangemessen selbst unter Druck setzt.
Max könnte dazu neigen, übermäßig viel Zeit und Energie in die Vorbereitung der Präsentation zu investieren, da er befürchtet, dass ein kleiner Fehler oder eine Abweichung von der Perfektion den gesamten Vortrag zum Scheitern verurteilen könnte.
Um das Schwarz-Weiß-Denken zu überwinden, ist es wichtig, die Realität zu akzeptieren, dass Präsentationen normalerweise in einem breiten Spektrum von Bewertungen liegen und dass es selten absolute Erfolge oder totale Misserfolge gibt. Max könnte von einer realistischeren und differenzierteren Perspektive profitieren, die ihm erlaubt, sich weniger selbst zu kritisieren und sich mehr auf die Verbesserung seiner Präsentationsfähigkeiten zu konzentrieren.

4.2.2.1.7 Selektive Wahrnehmung („Tunnelblick")

Vor allem unter Stress neigt der Mensch zu diesem gedanklichen Fehler. Das menschliche Gehirn filtert immer aus allen Eindrücken, die auf uns einströmen, jene heraus, welche als wichtig, interessant und entscheidend angesehen werden. Je sicherer und entspannter ein Mensch sich fühlt, umso weniger stark ist die Filterung. Wird der Stress höher, engt sich der Blick immer mehr ein, es entsteht ein Tunnelblick.

4.2.2.1.8 Personalisierung

Bei der Personalisierung wird die eigene Person, bzw. das Verhalten dieser Person, als Ursache für ein bestimmtes Ereignis gesehen.

Passiert im Umfeld eines Menschen etwas für ihn Aversives, so sieht er die Ursache dafür in sich selbst. Das was er getan, gesagt oder sogar gedacht hat, wird als Auslöser für das Ereignis gesehen. Zum Teil wird auch etwas, was nicht getan oder gesagt oder gedacht wurde als Ursache gesehen. In der stärksten Ausprägung kann dieser Denkfehler in einen Beziehungswahn übergehen.

4.3   Zusammenhang von Körper und Gefühl

Dass es zwischen einem Gefühl und den Körperreaktionen einen großen Zusammenhang gibt, ist jedem, der schon einmal ein Gefühl erlebt hat, klar. Wie sich die wackeligen Beine, das flaue Unwohlsein in der Magengrube und das Herzklopfen anfühlen, wenn man plötzlich einen riesigen Schrecken bekommen hat und man das Gefühl Angst erlebt, kennen viele.

Im Lauf der Geschichte der Gefühlsforschung stand immer wieder die Frage im Raum, wie genau diese beiden Komponenten, also Gefühl und Körper, zusammenhängen.

Der US-amerikanische Psychologe und Philosoph William James veröffentlichte 1884 eine Publikation mit dem Titel „What is an Emotion?", in der er postuliert, dass zunächst die körperliche Komponente auftritt, also z. B. die wackeligen Beine bei Angst, und dann sich als Folge daraus das Gefühl entwickelt (James 1884). Das entsteht seiner Theorie nach durch die Interpretation der Körperreaktion durch das Gehirn. Das Gehirn nimmt also die körperliche Veränderung wahr und erkennte dies als eine Reaktion auf eine Bedrohung, wodurch das Gefühl Angst auftritt. Somit stellt das Gefühl nur eine „Nebenwirkung" der Körperreaktion dar.

Ähnliche Beschreibungen, wenn auch nicht so detailliert und strukturiert, finden sich bei vielen Philosophen, welche über dieses Thema schrieben.

Zeitgleich beschäftigte sich in Dänemark ein Physiologe mit demselben Thema, nämlich Carl Lange. Er veröffentlichte, nur ein Jahr nach William James, nämlich 1885, sein Buch mit dem Titel „Ueber Gemuethsbewegungen" (Lange 1887). In diesem Buch stellt er fast die gleiche Hypothese wie James auf.

In Folge wurde diese Theorie als James-Lange-Theorie bekannt.

Diese Theorie rief in den folgenden Jahrzehnten viel Wiederspruch hervor und es wurden einige Theorien entwickelt, welche die James-Lange-Theorie widerlegen sollten. Meist war der Ansatz dieser Theorien, dass die körperliche Reaktion und das Gefühl zeitgleich auftreten.

In den 1990er-Jahren formulierte der portugiesische Neurowissenschaftler Antonio Damasio den Begriff des somatischen Markers und setzte damit den Grundstein für die Hypothese der somatischen Marker (Damasio et al. 1991, 2000). Grundsätzlich geht es hierbei darum, wie Entscheidungen getroffen werden und welche Rolle dabei die Vernunft und welche Rolle dabei Gefühle spielen.

Dieser Hypothese folgend, speichert jeder Mensch die Erfahrungen, welche er im Laufe des Lebens sammelt, in einem emotionalen Erfahrungsgedächtnis ab, wobei jede dieser Erfahrungen mit einem Label versehen werden. Es gibt jedoch nur zwei Labels, entweder positiv oder negativ.

Ist die Erfahrung mit dem Label positiv abgespeichert, so wird es, später im Leben, wenn sie abgerufen wird, sich erstmal und ganz spontan und schnell körperlich zeigen, und zwar in einem körperlichen Signal, das eine Hinbewegung zu dem auslösenden Reiz ist.

Bei einer entsprechenden negativ gelabelten Erinnerung ist es eine Wegbewegung.

Diesen ersten, spontanen körperlichen Impuls nennt Damasio somatischen Marker.

Die Beurteilung und Entscheidung durch die Vernunft erfolgt zeitlich verzögert.

Ziel sollte es sein, diese somatischen Marker möglichst gut zu kennen und in den Entscheidungssituationen gut wahrnehmen zu können, um sie bei der Entscheidungsfindung mit zurate zu ziehen.

Tipp für die Praxis:
Versuchen Sie, wenn es um Entscheidungen geht, neben den sehr wichtigen kognitiven Entscheidungshilfen (z. B. Pro-Contra-Liste), auch auf ihre körperliche Reaktion und auf ihre Gefühle zu achten.

Wenn es um die Wahrnehmung der somatischen Marker geht, hilft es zu versuchen, wahrzunehmen, ob es bei einer Option eine körperliche „Hinbewegung" gibt, also eine körperliche Reaktion, die zu dieser Option zieht.

Eine typische Körperreaktion von Aufregung und Angst, z. B. wenn es um Vortragsangst geht (also eigentlich eine soziale Phobie), ist das Rotwerden, das Zittern und das Schwitzen. Diese Reaktion wird von den Betroffenen, verständlicherweise, als sehr belastend erlebt. Und häufig gibt es den Wunsch, diese physiologischen Reaktionen „wegzumachen". Nur leider ist dies nicht möglich. Ganz im Gegenteil, je größer die Angst vor dem Rotwerden, Zittern, Schwitzen wird, desto eher treten sie auf. Bei den Betroffen tritt häufig eine Hyperfokussierung auf diese Symptome auf, wobei sie meist von den Menschen im Umfeld gar nicht oder nur sehr peripher wahrgenommen werden. Ein verstärktes Unterdrücken der Symptome kann also nicht der Weg sein, da sie dadurch noch stärker auftreten. Vielmehr sollten sich die Betroffenen klar machen, dass das Auftreten eines bestimmten Gefühls eine normale Reaktion ist, und dass dies wiederum mit einer ganz normalen, physiologischen Körperreaktionen verbunden ist. Durch dieses Annehmen sinkt der Druck und dadurch meist auch das Auftreten der Symptome.

Tipp „paradoxe Intention":
Der österreichische Psychiater und Psychotherapeut und Begründer der Logotherapie und Existenzanalyse, Viktor E. Frankl, hat die paradoxe Intention beschrieben. Hierbei hat er seine Klientinnen und Klienten aufgefordert, sich genau das vorzunehmen, vor dem sie

am meisten Angst hatten. Hatte also eine Klientin große Angst davor zu schwitzen, wenn sie in einer größeren Runde etwas sagen musste, hat er sie aufgefordert, sich vorzunehmen, bei nächsten Mal, wenn sie in solch einer Situation ist, so viel und so gut wir nur möglich zu schwitzen. Seien Idee dahinter war, dass damit der Teufelskreis der Angst durchbrochen werden kann. Die Klientin kann also ihre Angst dadurch reduzieren, dass sie versucht, genau das zu tun, vor dem sie Angst hat.

Exkurs

Top-Manager stehen oft unter großem Druck und Stress, der zu Ängsten und körperlichen Reaktionen führen kann. Hier sind einige psychologische Tipps, die einem Top-Manager helfen können, Ängste und damit verbundene körperliche Reaktionen in konkreten Situationen besser zu kontrollieren:

Achtsamkeit und Selbstwahrnehmung: Der erste Schritt besteht darin, sich der eigenen Ängste und körperlichen Reaktionen bewusst zu werden. Dies erfordert Achtsamkeit, also das bewusste Wahrnehmen der eigenen Gedanken, Emotionen und Körpersignale.

Tiefes Atmen und Entspannung: Bei auftretender Angst können Atemtechniken wie tiefe Bauchatmung helfen, die Stressreaktion zu mildern. Entspannungsübungen wie progressive Muskelentspannung oder Meditation können ebenfalls nützlich sein.

Rationalisierung: Oft entstehen Ängste aufgrund irrationaler Gedanken. Ein Manager kann lernen, diese Gedanken zu identifizieren und zu hinterfragen. Zum Beispiel: „Warum habe ich Angst vor diesem Meeting? Was ist das Schlimmste, was passieren kann? Ist das realistisch?"

Vorbereitung: Um Ängste zu reduzieren, ist es wichtig, sich gut vorzubereiten. Je mehr Informationen und Wissen ein Manager über die bevorstehende Situation hat, desto selbstbewusster wird er sich fühlen.

Positives Selbstgespräch: Ein Manager sollte lernen, sich selbst positiv zu ermutigen und sich auf die eigenen Stärken und Erfolge zu konzentrieren. Das Erschaffen eines inneren Dialogs, der Selbstvertrauen und Zuversicht fördert, kann hilfreich sein.

Stressmanagement: Langfristig ist es wichtig, regelmäßige Stressmanagement-Techniken in den Alltag zu integrieren, wie Sport, gesunde Ernährung und ausreichend Schlaf. Ein gesunder Lebensstil kann dazu beitragen, die Widerstandsfähigkeit gegenüber Stress und Ängsten zu erhöhen.

Unterstützung suchen: Es ist ratsam, mit einem professionellen Psychologen oder Coach zu sprechen, um spezifische Bewältigungsstrategien zu erlernen und sich bei der Arbeit mit Ängsten Unterstützung zu holen.

Realistische Erwartungen: Ein Top-Manager sollte realistische Erwartungen an sich selbst und die Ergebnisse seiner Arbeit haben. Perfektionismus kann zu übermäßigem Stress und Ängsten führen.

Pausen und Erholung: Es ist wichtig, regelmäßige Pausen einzuplanen und Zeit für Erholung und Freizeitaktivitäten zu haben, um den Stresspegel zu senken.

Perspektive bewahren: Letztendlich sollte ein Top-Manager daran denken, dass Angst eine natürliche Reaktion auf Stress und Druck ist. Die Fähigkeit, mit Ängsten umzugehen, kann im Laufe der Zeit entwickelt werden, und es ist möglich, diese Herausforderungen erfolgreich zu bewältigen.

Die genannten Tipps können Top-Managern helfen, ihre Ängste zu bewältigen und ihre Reaktionen in stressigen Situationen besser zu kontrollieren. Es ist jedoch wichtig zu beachten, dass jeder Mensch einzigartig ist, und es kann hilfreich sein, individuell angepasste Strategien zu entwickeln und professionelle Unterstützung in Anspruch zu nehmen, um mit spezifischen Ängsten und Stressfaktoren umzugehen.

4.4   Zusammenhalt von Verhalten und Gefühlen

Zwischen dem Verhalten eines Menschen und seinen Gefühlen gibt es sehr viele Wechselwirkungen. Zum einen kann die emotionale Befindlichkeit durch ein gezieltes Verhalten deutlich beeinflusst werden. Zum anderen wird das Verhalten durch das jeweilige Gefühl, bzw. die Gefühle beeinflusst.

4.4.1   Wie Gefühle das Verhalten beeinflussen

Jeder der bereits einmal vor einem wichtigen Termin aufgeregt, nervös und vielleicht auch ängstlich war, kennt diese Unruhe in den Beinen und das Bedürfnis sich zu bewegen. Vielleicht läuft man dann auf und ab, wippt ständig mit dem Bein oder ist ständig dabei, mit dem Stift in den Fingern rumzuspielen.

Gefühle beeinflussen sehr stark, wie wir uns körperlich fühlen, welche Handlungsimpulse wir haben und wie wir uns dann auch konkret verhalten.

Körperwahrnehmung
Bei unterschiedlichen Gefühlen erleben wir unseren Körper unterschiedlich. Die Wahrnehmung unseres Körpers und unseres eigenen Körpergefühl sind anders. Schmerzen werden je nach Gefühl stärker oder schwächer wahrgenommen. Ist man gerade traurig und verzweifelt, können sich Schmerzen stärker anfühlen, als in Zeiten in den man gerade frisch verliebt ist. Wie sich die eigene Haut anfühlt, kann sich von Gefühl zu Gefühl ändern. Bei einem Ekelgefühl stellt sich ganz häufig auch ein sehr unangenehmes Hautgefühl ein. Ist man gerade sehr traurig und verzweifelt, kann sich der Körper ganz starr, taub und nicht zu einem gehörig anfühlen.

Kennt man, wie sich bestimmte Gefühle bei einem körperlich anfühlen, so hilft einem das, zu identifizieren, welches Gefühl gerade primär vorliegt. Zudem ist es wichtig zu wissen, dass Gefühle eben mit bestimmten körperlichen Reaktionen einhergehen und diese auch wenig bis gar nicht beeinflussbar sind.

Handlungsimpulse

Wie bereits weiter oben dargestellt, gehen die meisten Gefühle mit einem bestimmten, für sie charakteristischen Handlungsimpuls einher. Wobei Handlungsimpuls nichts anderes ist, als das, was man als erstes, ohne groß nachzudenken, tun möchte. Diese Impulse spiegeln das ontogenetische Erbe der Gefühle wider, denn in ihnen stecken die Verhaltensweisen, die diese Gefühle anstoßen sollten, um das Überleben in der Wildnis zu sichern. Mittlerweile haben sich die Umweltbedingungen für den Menschen geändert und die Handlungsimpulse habe oft ihre Wirksamkeit verloren. Zudem haben die Verhaltensweisen, die sich aus diesen Impulsen ergeben, häufig den Effekt, dass sie das zugrunde liegende Gefühl verstärken.

Ist man in einer Situation, in der man vermeintlich etwas Peinliches gesagt oder getan hat, wird sich wahrscheinlich das Gefühl Scham einstellen. Der Handlungsimpuls dazu ist meist, dass man sich verstecken möchte, dass man soziale Kontakte abbricht oder vermeidet und dass man sich ganz klein macht und den Blick nach unten senkt. Kommt man mit dem konkreten Verhalten nun diesem Handlungsimpuls nach, wird das Schamgefühl größer. Die Gedanken, welche sich um die vermeintlich peinliche Sache drehen, werden stärker werden. Es wird vermieden, sich mit jemanden darüber zu unterhalten. Durch dieses konkrete Verhalten bleiben korrigierende Erfahrungen aus, nämlich, dass das Gegenüber das Gesagte oder das Getane als gar nicht so schlimm ansieht. Aber genau durch so eine Erfahrung würde die Scham weniger werden.

Die Scham zeigt hier einen sich selbsterhaltenden Effekt. Und diesen Effekt bedarf es zu bedenken, wenn man darüber entscheidet, wie man sich ganz konkret verhält.

Das konkrete Verhalten ist das, was der Mensch am besten durch seine Gedanken und seine konkreten Entscheidungen beeinflussen kann. Das eigentliche Gefühl darf da sein und auch der dazu passende Handlungsimpuls. Ob man sich dann aber so verhält, wie man sich fühlt und was man auf den ersten Blick gern tun würde, sollte einer genauen kognitiven Beurteilung unterzogen werden. Denn dieses konkrete Verhalten hat wieder eine Rückwirkung auf das Gefühl selbst.

4.4.2   Wie das Verhalten die Gefühle beeinflusst

Wie gerade dargestellt, stoßen Gefühle im Menschen bereits bestimmte Verhaltensweisen an, die jedoch nicht immer gewollte Effekte mit sich bringen.

Durch das Verändern des konkreten Verhaltens hat der Mensch die Möglichkeit, Einfluss darauf zu nehmen, wie er sich fühlt. Deshalb ist es wichtig, sich genau vor Augen zu führen, welches Ziel durch welches Verhalten erreicht werden soll.

Mögliche Ziele sind:

- Abschwächung des Gefühls
- Stärkung des Gefühls

Abschwächung des Gefühls

In den meisten Fällen wird es in Situationen, in denen Gefühle zu Schwierigkeiten führen, darum gehen, dass die Intensität zu groß ist. Die Angst, die Wut, die Trauer oder auch die Scham werden zu groß und führen dazu, dass die betroffene Person nicht mehr so handeln kann, sich nicht mehr so verhalten kann, wie es für sie langfristig sinnvoll ist. In diesem Fall wird es notwendig sein, das Gefühl abzuschwächen, um den Stress, der durch das Gefühl entsteht, zusammen mit dem Gefühl zu reduzieren. Hierzu gibt es unterschiedliche Möglichkeiten.

Wege um ein Gefühl abzuschwächen:

- Kognitionen

Beispiel:

Situation:

Sarah ist in einer wichtigen Besprechung mit ihrer Vorgesetzten Emily. Während der Besprechung sagt Emily etwas, das Sarah stark ärgert. Sarah spürt, wie die Wut in ihr aufsteigt, und sie fühlt sich versucht, über den Ärger nachzudenken und sich darin zu vertiefen.

Kognitive Strategie:

Um ihre Wut abzuschwächen und die Besprechung effektiv fortzusetzen, setzt Sarah eine kognitive Strategie ein. Sie erinnert sich daran, dass es in dieser Situation sinnvoll ist, nicht gedanklich in den Ärger einzutauchen und sich auf vergangene Frustrationen zu konzentrieren. Stattdessen nutzt sie die folgenden Ansätze:

Achtsamkeit: Sarah praktiziert Achtsamkeit, indem sie sich auf den gegenwärtigen Moment konzentriert und ihre Aufmerksamkeit bewusst auf die laufende Besprechung richtet. Sie erkennt den aufsteigenden Ärger, aber anstatt ihm nachzugeben, lässt sie ihn vorüberziehen, ohne sich darauf zu fokussieren.

Umleiten der Gedanken: Wenn Gedanken über vergangene Frustrationen oder Konflikte mit Emily aufkommen, lenkt Sarah ihre Aufmerksamkeit auf die aktuellen Diskussionsthemen. Sie erinnert sich daran, dass es in diesem Moment wichtiger ist, konstruktiv zur Besprechung beizutragen, als sich in vergangenen Unstimmigkeiten zu verlieren.

Perspektivwechsel: Sarah versucht, die Situation aus Emilys Perspektive zu betrachten. Sie überlegt, dass es möglicherweise Gründe gibt, warum Emily das gesagt hat, und versucht, Verständnis für ihre Position zu entwickeln. Dies hilft, den Ärger zu mildern und den Fokus auf Lösungen zu legen.

Entspannungstechniken: Um die körperlichen Reaktionen der Wut abzuschwächen, nutzt Sarah Atemtechniken und Entspannungsübungen. Sie atmet tief durch und konzentriert sich auf das Absenken ihres Stressniveaus.

Reaktion von Sarah:

Durch die Anwendung dieser kognitiven Strategie gelingt es Sarah, ihren Ärger zu mildern und sich auf die laufende Besprechung zu konzentrieren. Sie kann konstruktiv zur Diskussion beitragen und vermeidet es, sich in negativen Gedankenspiralen zu verfangen. Dies ermöglicht ihr, effektiv mit Emily und anderen Kollegen zusammenzuarbeiten und die Besprechung erfolgreich fortzusetzen.

Die Fähigkeit, kognitive Strategien zur Emotionsregulation anzuwenden, kann in stressigen oder emotional aufgeladenen Situationen äußerst hilfreich sein, um die Konzentration zu wahren und die zwischenmenschlichen Beziehungen zu erhalten.

- **Aufmerksamkeit**

Trotz einer recht großen gefühlsmäßigen Aktivität gelingt es meist sehr gut, die eigene Aufmerksamkeit gezielt auszurichten. Liegt erstmal die Einsicht vor, dass gerade ein Gefühl abgeschwächt werden sollte, kann die Aufmerksamkeit bewusst auf Dinge gerichtet werden, die von diesem Gefühl ablenken.

Beispiel:
Situation:
Ein Geschäftsführer, Michael, befindet sich in einem hochrangigen Geschäftstermin mit einem potenziellen Großkunden. Während des Gesprächs bemerkt er, dass das Gegenüber, Herr Schmidt, mit seiner autoritären Präsenz und seinen kritischen Fragen eine gewisse Angst in ihm auslöst. Michael fühlt sich angespannt und unsicher, was seine Fähigkeit, das Geschäftsgespräch erfolgreich zu führen, beeinträchtigen könnte.

Wege, um ein Gefühl der Angst abzuschwächen:
Selbstwahrnehmung: Der erste Schritt für Michael ist die Selbstwahrnehmung. Er erkennt, dass er sich unwohl und ängstlich fühlt, was der Beginn ist, um die Angst zu bewältigen.

Achtsamkeit: Michael kann versuchen, achtsam auf seine Gedanken und Gefühle zu achten, ohne sich von ihnen überwältigen zu lassen. Dies ermöglicht ihm, die Angst zu identifizieren und zu verstehen.

Atemtechniken: Wenn er die Angst spürt, kann er sich auf seine Atmung konzentrieren und tiefe, beruhigende Atemzüge nehmen. Dies kann dazu beitragen, die körperlichen Symptome der Angst zu lindern.

Fokus auf Sicherheit: Um die Angst in der Situation abzuschwächen, ist es empfehlenswert, sich auf das zu konzentrieren, was Sicherheit vermittelt. In diesem Fall könnte Michael an seine eigene Expertise und die Fähigkeit seines Teams denken, das Geschäft erfolgreich abzuwickeln. Dies kann ihm ein Gefühl der Sicherheit und Selbstvertrauen vermitteln.

Positive Selbstgespräche: Michael kann sich positive Selbstgespräche geben, um sein Selbstvertrauen zu stärken. Er könnte sich sagen: „Ich habe in der Vergangenheit erfolgreiche Geschäftsabschlüsse getätigt und bin gut vorbereitet. Ich kann diese Herausforderung bewältigen."

Empathie und Kommunikation: Statt sich von Herrn Schmidts autoritärer Präsenz einschüchtern zu lassen, könnte Michael versuchen, sich in seine Lage zu versetzen und zu verstehen, was seine Erwartungen und Bedenken sind. Dies kann dazu beitragen, die Beziehung aufzubauen und die Angst abzuschwächen.

Betonung der Gemeinsamkeiten: Michael könnte versuchen, Gemeinsamkeiten und gemeinsame Interessen mit Herrn Schmidt zu finden. Dies kann dazu beitragen, eine Verbindung herzustellen und die Angst vor einem möglichen Konflikt abzuschwächen.

Visualisierung: Vor dem Termin kann Michael positive Visualisierungstechniken anwenden, um sich vorzustellen, wie das Treffen erfolgreich verläuft. Dies kann dazu beitragen, sein Selbstvertrauen zu stärken.

Indem Michael diese Schritte befolgt, kann er seine Aufmerksamkeit gezielt auf das lenken, was Sicherheit und Selbstvertrauen vermittelt, und die Angst in der Situation erfolgreich abschwächen. Dies ermöglicht ihm, das Geschäftstreffen konstruktiv und selbstbewusst zu führen, unabhängig von den äußeren Einflüssen, die Angst auslösen könnten.

- **Körper**

Beispiel:

Situation:

Vor drei Wochen ist die langjährige Beziehung der Abteilungsleiterin einer großen Firma in die Brüche gegangen. Die emotionalen Wunden sind immer noch frisch, und der Schmerz ist allgegenwärtig. Die Abteilungsleiterin befindet sich nun kurz vor einer wichtigen Besprechung mit ihrem Team, die dringend ihre Aufmerksamkeit erfordert.

Emotionale Reaktion:

Plötzlich überkommt sie eine Welle von Traurigkeit und Schmerz in Bezug auf die Beziehung, die endete. Sie verspürt den Drang, sich in ihrem Büro zu verkriechen, sich klein zu machen und mit niemandem darüber zu sprechen. Diese Emotionen könnten sie dazu veranlassen, sich abzuschotten und sich von der Welt zu isolieren.

Empfohlene Strategie zur Abschwächung der Emotion:

In dieser Situation ist es ratsam, eine Strategie zur Abschwächung der Traurigkeit und des Schmerzes zu verwenden, um in die bevorstehende Besprechung mit ihrem Team mit voller Aufmerksamkeit und Konzentration zu gehen. Hier sind einige Schritte, die sie unternehmen könnte:

Bewusste Körperhaltung: Anstatt sich klein zu machen, kann sie sich bewusst dazu entscheiden, sich groß und aufrecht hinzustellen. Sie kann ihre Schultern zurücknehmen, den Rücken gerade halten und den Kopf erhoben lassen. Dies sendet nicht nur ein Signal an ihren eigenen Körper, sondern kann auch ihr Selbstbewusstsein stärken.

Tiefes Atmen: Sie kann ein paar tiefe Atemzüge nehmen, um ihre Atmung zu beruhigen und ihre Nerven zu stabilisieren. Tiefes Atmen kann dazu beitragen, den Stress abzubauen und sich in einen ruhigeren emotionalen Zustand zu versetzen.

Positive Selbstgespräche: Sie kann sich selbst ermutigen, indem sie positive Selbstgespräche führt. Sie kann sich daran erinnern, dass sie eine starke und fähige Abteilungsleiterin ist und dass sie die bevorstehende Besprechung bewältigen kann.

Fokus auf die Aufgabe: Indem sie sich bewusst auf die bevorstehende Besprechung und die Aufgaben konzentriert, die erledigt werden müssen, kann sie ihre Gedanken von der Traurigkeit ablenken. Dies hilft ihr, sich auf die Arbeit zu konzentrieren.

Unterstützung durch Team: Wenn die Traurigkeit und der Schmerz während der Besprechung immer noch überwältigend sind, könnte sie erwägen, mit ihrem Team darüber zu sprechen oder um Unterstützung zu bitten. Kollegen können Verständnis und Empathie zeigen, was ihr in diesem Moment helfen könnte.

Indem sie diese Strategien anwendet, kann die Abteilungsleiterin die emotionalen Belastungen abschwächen und sich auf die bevorstehende Aufgabe konzentrieren. Dies ermöglicht es ihr, die Besprechung mit ihrem Team erfolgreich zu leiten und gleichzeitig Raum für ihre Traurigkeit und ihren Schmerz zu schaffen, wenn sie später die Zeit dafür hat.

- **Verhalten**

Verhalten und Körper stehen sich sehr nahe. Geht es bei dem Punkt Körper eher darum, wie man seinen Körper einsetzt, wie man steht, geht, sitzt, spricht usw., geht es beim Punkt Verhalten mehr um das, was getan wird. Ziel hier ist ein entgegengesetztes Handeln zu dem, was das Gefühl einem vermittelt.

Beispiel:
Situation:
Eine Mitarbeiterin, Anne, hat auf der Weihnachtsfeier ihres Unternehmens zu viel Punsch getrunken und sich dann endlich getraut, einer Kollegin aus einer anderen Abteilung zu gestehen, dass sie Interesse an ihr hat und gerne mit ihr einen Kaffee trinken möchte. Die Reaktion der Kollegin war jedoch völlig anders, als Anne erwartet hatte. Die Kollegin reagierte konsterniert und verließ die Feier ohne ein Wort. Am nächsten Tag fühlt sich Anne zutiefst beschämt und überlegt, ob sie überhaupt zur Arbeit gehen soll.

Wege, um das Gefühl der Scham abzuschwächen:
Selbstvergebung: Anne sollte verstehen, dass Menschen Fehler machen und in sozialen Situationen, insbesondere nach übermäßigem Alkoholkonsum, möglicherweise etwas unüberlegte Handlungen vorkommen können. Es ist wichtig, sich selbst zu vergeben und zu akzeptieren, dass sie in dieser Situation nicht in bester Verfassung war sowie aber auch

den eigenen Mut anzuerkennen und zu sehen, dass es sich natürlich auch um kein grobes Fehlverhalten handelt.

Klärung: Anne könnte erwägen, sich trotzdem bei der Kollegin zu entschuldigen, da sie möglicherweise deren Gefühle verletzt hat, und die Situation zu klären. Eine ehrliche und aufrichtige Entschuldigung könnte zur Versöhnung beitragen und möglicherweise das Gefühl der Scham mildern, ohne das eigene Gesicht zu verlieren, da es ja kein wirkliches Fehlverhalten auf eigener Seite gegeben hat. Letztlich hat sich Anne womöglich alkoholinduziert unfreiwillig im beruflichen Umfeld geoutet, was gegebenenfalls weiteren Gesprächsbedarf, allerdings keine Rechtfertigung oder gar Erklärung erfordert.

Kommunikation: Anne sollte mit ihren engen Freunden oder Kollegen über die Situation sprechen, um Unterstützung und Verständnis zu finden. Oft hilft es, über Schamgefühle zu sprechen, um sie zu verarbeiten.

Rückkehr zur Normalität: Der Gedanke, dass sie ganz normal zur Arbeit gehen sollte, ist hilfreich, um die Scham zu mildern. Das Wiederaufnehmen der alltäglichen Routine kann dazu beitragen, das Selbstwertgefühl wiederherzustellen.

Selbstreflexion: Anne sollte darüber nachdenken, wie sie sich in Zukunft in sozialen Situationen verhalten möchte. Dies kann ihr dabei helfen, bessere Entscheidungen zu treffen und sich in ähnlichen Situationen sicherer zu fühlen.

Selbstfürsorge: Anne sollte sich Zeit für Selbstfürsorge gönnen. Entspannende Aktivitäten wie Spaziergänge, Sport, Meditation oder ein Bad können dazu beitragen, Stress und Scham abzubauen.

Langfristige Perspektive: Anne sollte daran denken, dass die Weihnachtsfeier nur eine Veranstaltung von vielen in ihrem Leben ist. Die Bedeutung dieser Situation wird im Laufe der Zeit abnehmen, und sie wird aus dieser Erfahrung wachsen.

Durch diese Schritte kann Anne ihr Gefühl der Scham allmählich abschwächen und sich wieder auf ihre berufliche Tätigkeit und ihr soziales Leben konzentrieren. Es ist wichtig, sich selbst zu vergeben und aus Erfahrungen zu lernen, um in Zukunft bessere Entscheidungen zu treffen.

Stärkung des Gefühls

Geht es um die Verstärkung eines Gefühls, so ist dies meist einfacher als die Abschwächung. Es ist dazu nur nötig, sich in das Gefühl fallen zu lassen, sich intensiv mit dem zu beschäftigen, was dieses Gefühl einem vermittelt.

Beispiel:

Situation:

Angenommen, du fühlst dich in letzter Zeit etwas niedergeschlagen und möchtest deine Stimmung heben. Du verspürst den Wunsch, mehr Freude und Optimismus in deinem Leben zu erleben.

Wege, um das Gefühl der Freude zu verstärken:

Dankbarkeitsjournal führen: Einer der Wege, um Freude zu verstärken, ist, ein Dankbarkeitsjournal zu führen. Jeden Tag notierst du drei Dinge, für die du dankbar bist. Dies fördert eine positive Einstellung und hilft, die Fokussierung auf positive Erlebnisse zu verstärken.

Zeit mit positiven Menschen verbringen: Soziale Interaktion mit optimistischen, fröhlichen Menschen kann ansteckend sein. Du könntest mehr Zeit mit Freunden und Familie verbringen, die dich zum Lachen bringen und Freude teilen.

Körperliche Aktivität: Sportliche Betätigung setzt Endorphine frei, die als „Glückshormone" bekannt sind. Du könntest regelmäßige körperliche Aktivitäten wie Laufen, Radfahren oder Yoga in deinen Alltag integrieren, um deine Stimmung zu heben.

Hobbies und Leidenschaften kultivieren: Die Verfolgung von Hobbies und Leidenschaften, die dir Freude bereiten, kann dein emotionales Wohlbefinden steigern. Ob Malen, Musizieren oder Gartenarbeit, Hingabe an Aktivitäten, die dich erfüllen, verstärkt positive Gefühle.

Achtsamkeitspraktiken: Achtsamkeitsübungen, wie Meditation und Atemtechniken, helfen, im Hier und Jetzt zu leben und die Freude in alltäglichen Momenten zu entdecken.

Kleine Freuden im Alltag schätzen: Die Fähigkeit, kleine Freuden im Alltag zu erkennen, kann die Freude steigern. Das kann ein leckerer Kaffee am Morgen, das Lächeln eines Kindes oder ein wunderschöner Sonnenuntergang sein.

Selbstpflege und Entspannung: Sich selbst Gutes tun und sich Zeit für Entspannung und Erholung gönnen, kann das allgemeine Wohlbefinden steigern. Dies kann in Form von Bädern, Massagen oder einfach einem ruhigen Buchabend geschehen.

Ziele setzen und Fortschritte verfolgen: Die Verfolgung von Zielen und das Erreichen von Meilensteinen können ein starkes Gefühl der Freude und Erfüllung vermitteln. Feiere kleine Erfolge auf dem Weg zu deinen langfristigen Zielen.

Positive Selbstgespräche: Schließlich ist es wichtig, positiv zu sich selbst zu sprechen. Ermutige dich selbst und erinnere dich an deine Stärken und Fähigkeiten. Dies verstärkt das Gefühl von Selbstwert und Freude.

In diesem Beispiel zeigt die Person verschiedene Wege auf, wie sie gezielt daran arbeiten kann, ihr Gefühl der Freude zu verstärken. Diese Ansätze können je nach individuellen Vorlieben und Bedürfnissen angepasst werden und tragen dazu bei, ein erfüllteres und optimistischeres Leben zu führen.

Literatur

Beck, J. S. (1964). Cognitive Therapy: Basics and Beyond. New York: Guildford
Beck, A. T. (1970). Cognitive therapy: Nature and relation to behavior therapy. Behavior Therapy, 1(2), 184–200.
Beck, A. T. B., Rush, A. J., Shaw, B. F., Emery, G. (1979). Cognitive Therapy of Depression. The Guilford Press, New York. ISBN 0-89862-919-5.

Beck, A.T. & Dozois, D.J. (2011). Cognitive therapy: current status and future directions. Annual review of medicine, 62, 397–409.

Damasio, A. R., Tranel, D., Damasio, H., (1991). Somatic markers and the guidance of behaviour: theory and preliminary testing. In Levin, H.S., Eisenberg, H.M., Benton, A.L. (Eds.), Frontal Lobe Function and Dysfunction. Oxford University Press, New York, pp. 217-229])

Damasio, A.R., Grabowski, T.J., Bechara, A., Damasio, H., Ponto, L.L., Parvizi, J., Hichwa, R.D. (2000). Subcortical and cortical brain activity during the feeling of self-generated emotions. Nat Neurosci. 2000 Oct;3(10):1049-56. https://doi.org/10.1038/79871. PMID: 11017179.

Ellis, A. (1975). Reason and Emotion in Psychotherapy (9th ed.). Secausus: Lyle Stuart.

Grawe, K. (1998). Psychologische Therapie. Göttingen: Hogrefe.

Grawe, K. (2004). Neuropsychotherapie. Göttingen: Hogrefe.

James, W. (1884). What is an Emotion?. Mind, Vol. 9, No. 34, pp. 188-205. Oxford University Press on behalf of the Mind Association. Stable URL: https://www.jstor.org/stable/2246769.

Lange, C.G. (1887). Über Gemütsbewegungen. Ihr Wesen und ihr Einfluß auf körperliche, besonders auf krankhafte Lebenserscheinungen. Ein medizinisch-psychologische Studie. Thomas, Leipzig 1887. Nachdruck: Über Gemütsbewegungen. University Press, Bremen 2013.

Lerntheoretische Modelle 5

Lerntheoretische Modelle unternehmen den Versuch, aufgrund von Lernvorgängen, zu beschreiben, wie psychische Symptome entstehen und warum sie nicht von selbst wieder verschwinden. Das Lernen selbst ist immer ein sehr komplexer Vorgang. Aufgrund dessen ist es nötig, dass diese Theorie manchmal Vereinfachungen oder Verallgemeinerungen vornimmt.

Grundlage ist der deterministische Blick auf das menschliche Verhalten, mit der Annahme, dass dieses vor allem durch die individuellen Lebenserfahrungen geprägt ist. Hierbei wird das spezifische Verhalten in einer ganz konkreten Situation betrachtet. Ein Individuum stößt mit seinem hochindividuellen Organismus (und damit mit seinen eigenen Lernerfahrungen) auf Reize aus seiner Umwelt und aus sich selbst heraus und zeigt eine Reaktion. Wie nun diese konkrete Reaktion dieses konkreten Individuums ist, ist das Interessante. Dabei wird angenommen, dass es feste Gesetzmäßigkeiten des Lernens gibt, denen alle Menschen unterworfen sind, welche wiederum beeinflussen, wie die konkrete Reaktion ausfällt.

Meist sind die erlernten Verhaltensweisen, also Reaktionen, funktional, was bedeutet, dass sie dazu beitragen, dass die jeweilige Person damit ausreichend gut ihre Bedürfnisse stillen kann, ihre Lebensziele ausreichend erreichen kann und ohne größere Einschränkung ihr Leben bestreiten kann. Ist dies nicht der Fall, so ist das Verhalten dysfunktional.

Funktionales und dysfunktionales Verhalten werden nach denselben Gesetzmäßigkeiten erlernt.

Diese Gesetzmäßigkeiten des Lernens wurden aus vielen Untersuchungen und Experimenten, sowohl mit Tieren (Katzen, Hunden, Ratten, Affen) als auch mit Menschen, entwickelt.

S. J. Matten und M. J. Pausch, *Depression, Trauma und Ängste*, https://doi.org/10.1007/978-3-658-43966-8_5

5.1   Klassische Konditionierung

Die klassische Konditionierung ist die wohl bekannteste Lerntheorie. Der russische Physiologe Iwan Pawlow begründete sie und seine Versuchsanordnung mit den Hunden wurde weltbekannt (Brand und Schiebener 2014; Müsseler und Rieger 2016).

Grundaussage seiner Theorie ist sehr einfach. Ein Reiz A, der keine bestimmte Reaktion hervorruft, wird an einen Reiz B, welcher eine bestimmte Reaktion hervorruft, gekoppelt. Nach erfolgreicher Verknüpfung löst Reiz A unabhängig von Reiz B dieselbe Reaktion hervor.

Der Pawlow'sche Hund

Dies ist wohl das bekannteste Beispiel. Dem Hund wird etwas zu fressen vorgesetzt und daraufhin fängt er an zu sabbern, er hat also Speichelfluss. Das Fressen ist ein Reiz, der zu Speichelfluss und damit zum Sabbern führt. Parallel zum Vorsetzen des Fressens hat Pawlow nun eine Glocke geläutet. Dieses Läuten ist erstmal ein Reiz, der beim Hund zu keiner spezifischen Reaktion führt. Wird nun das Fressen und das Glockenläuten wiederholt zusammen dem Hund präsentiert, so wird das „Glockenläuten" und der Speichelfluss miteinander gekoppelt. Der Hund hat also schon Speichelfluss, wenn er nur die Glocke läuten hört.

Die klassische Konditionierung spielt immer noch eine Rolle, wenn es um die Erklärung von Symptomen mit Ängsten oder Zwängen geht.

5.2   Operante Konditionierung

Die operante Konditionierung wird auch Lernen am Erfolg genannt. Die Theorie basierte auf den Arbeiten der US-amerikanischen Psychologen Edward Lee Thorndike und Burrhus Frederic Skinner. Thorndike legte Anfang des 20. Jahrhunderts die Grundlagen, welche Skinner fortsetze und verbesserte (Angermeier 1976; Zimbardo 2013).

Diese Theorie hat zwei Grundprinzipien:

1. Grundprinzip::
   Folgt auf das konkrete Verhalten eines Individuums ein angenehmer Zustand, so wird dieses Verhalten in Zukunft häufiger auftreten.
2. Grundprinzip:
   Folgt auf das konkrete Verhalten eines Individuums ein unangenehmer Zustand, so wird dieses Verhalten in Zukunft seltener auftreten.

Angenehme Zustände fördern also ein Verhalten, während unangenehme sie hemmen. Die Konsequenz eines Verhaltens beeinflusst also, wie man sich in Zukunft verhält. Führt ein Verhalten zu einem angenehmen Zustand oder wird dadurch ein unangenehmer beendet

oder tritt erst gar nicht auf, so nennt man dies Verstärkung. Ist hingegen die Konsequenz
ein unangenehmer Zustand bzw. wird dadurch ein angenehmer Zustand beendet, so spricht
man von Bestrafung.

Verstärkung verstärkt also das Auftreten des Verhaltens, während Bestrafung es
reduziert.

Es ergeben sich also vier Fälle des operanten Konditionierens im Kontingenzschema:

• Positive Verstärkung:
  Durch das Verhalten tritt eine angenehme Konsequenz ein, z. B. Essen, Zuneigung,
  Geld. Die Wahrscheinlichkeit, dass dieses Verhalten wieder gezeigt wird, wird erhöht.

Situation:
Ein internationales Großunternehmen hat ein neues Führungsprogramm eingeführt, das
darauf abzielt, das Engagement und die Leistung seiner Top-Manager zu steigern. Die
Geschäftsleitung möchte die Manager dazu ermutigen, vermehrt innovative Ideen und
Lösungen vorzubringen, um die Wettbewerbsfähigkeit des Unternehmens zu erhöhen.

Operante Konditionierung mit positiver Verstärkung:
Um dieses Ziel zu erreichen, hat das Unternehmen ein Anreizprogramm entwickelt,
das auf operanter Konditionierung mit positiver Verstärkung basiert. Die Manager werden
ermutigt, innovative Vorschläge und Ideen zur Verbesserung der Geschäftsprozesse und
der Produktentwicklung vorzulegen.

Wenn ein Manager erfolgreich eine innovative Idee einbringt und diese Idee zur
Implementierung ausgewählt wird, erhält er eine positive Verstärkung in Form eines
großzügigen Bonus oder einer finanziellen Belohnung. Diese Belohnung dient als Verstärker, um das gewünschte Verhalten, nämlich das Einbringen innovativer Ideen, zu
fördern.

Die Verstärkung erfolgt unmittelbar nach dem gewünschten Verhalten, um die Asso-
ziation zwischen dem Einbringen von Ideen und der positiven Belohnung zu stärken. Die
positiven Verstärker können sowohl finanzielle Anreize als auch öffentliche Anerkennung
für herausragende Leistungen umfassen.

Beispiel:
Eine Top-Managerin namens Laura hat eine innovative Idee zur Einführung eines neuen
Produkts entwickelt, die das Unternehmen erheblich voranbringen könnte. Sie präsentiert
ihre Idee im Rahmen eines Führungstreffens, und nach einer gründlichen Überprüfung
und Diskussion wird ihre Idee zur Umsetzung ausgewählt.

Laura wird mit einem erheblichen Bonus belohnt, der auf ihre Leistung und den
geschäftlichen Nutzen ihrer Idee abgestimmt ist. Diese finanzielle Belohnung dient als

positive Verstärkung und bestätigt Lauras Engagement für die Unternehmensziele. Zusätzlich erhält sie Anerkennung und Lob von der Geschäftsleitung und ihren Kollegen für ihre herausragende Leistung.

Diese Art der operanten Konditionierung mit positiver Verstärkung motiviert Top-Manager, innovative Ideen vorzubringen und trägt dazu bei, eine Unternehmenskultur der Kreativität und des Engagements zu fördern. Dies wiederum stärkt die Wettbewerbsfähigkeit und den langfristigen Erfolg des internationalen Großunternehmens.

- Negative Verstärkung:
  Durch das Verhalten wird eine unangenehme Konsequenz beendet oder tritt erst gar nicht ein, z. B. wenn man die Arbeit der Chefin zum Teil mitmacht, ist sie nicht mehr so unhöflich zu einem.
  Die Wahrscheinlichkeit, dass dieses Verhalten wieder gezeigt wird, wird erhöht.

Beispiel:
In einem internationalen Großunternehmen arbeitet ein Top-Manager namens Alex, der für seine herausragenden Leistungen und Führungskompetenzen bekannt ist. Jedoch hat Alex in der Vergangenheit Schwierigkeiten gehabt, eine gesunde Work-Life-Balance aufrechtzuerhalten. Er arbeitet häufig bis spät in die Nacht und am Wochenende, vernachlässigt seine persönlichen Bedürfnisse und verbringt nur wenig Zeit mit seiner Familie.

Die Geschäftsleitung des Unternehmens erkennt, dass diese Arbeitsgewohnheiten langfristig nachteilig für Alex und das Unternehmen sein könnten. Sie möchten, dass Alex seine Work-Life-Balance verbessert, um seine Leistung und sein Wohlbefinden zu steigern.

Schritte zur operanten Konditionierung mit negativer Verstärkung:

Festlegung von Zielen: Die Geschäftsleitung setzt klare Ziele für Alex, um seine Arbeitsgewohnheiten zu verbessern und eine gesündere Work-Life-Balance zu erreichen. Die Ziele sind spezifisch, messbar und erreichbar.

Feedback und Konsequenzen: Alex wird regelmäßig von seinem Vorgesetzten und dem Personalbereich überwacht. Sobald er festgelegte Arbeitszeiten überschreitet oder übermäßig am Wochenende arbeitet, erhält er ein dezentes, aber deutliches Feedback, das die negativen Auswirkungen auf seine Gesundheit und sein Privatleben betont.

Anreize für positive Veränderungen: Um Alex zur Veränderung seiner Verhaltensweisen zu motivieren, wird eine negative Verstärkung eingesetzt. Jedes Mal, wenn Alex seine Arbeitszeiten in einem gesunden Rahmen hält und mehr Zeit mit seiner Familie verbringt, erhält er besondere Belohnungen, wie beispielsweise zusätzliche Urlaubstage, Wellness-Gutscheine oder die Möglichkeit, an Fortbildungsveranstaltungen teilzunehmen.

Feedback-Anpassung: Das Feedback und die Belohnungen werden kontinuierlich angepasst, um Alex bei der Aufrechterhaltung seiner gesunden Work-Life-Balance zu unterstützen. Wenn er erfolgreich ist, erhält er weiterhin Belohnungen und positives Feedback.

Langfristige Verhaltensänderung: Im Laufe der Zeit wird Alex dazu ermutigt, seine Arbeitseinstellung anzupassen und seine Work-Life-Balance zu respektieren. Die langfristigen Auswirkungen sind eine gesteigerte Arbeitszufriedenheit, bessere Gesundheit und ein nachhaltiger Beitrag zur Unternehmensleistung.

In diesem Beispiel wird die operante Konditionierung mit negativer Verstärkung eingesetzt, um ein Top-Management-Mitglied dazu zu motivieren, sein Verhalten hinsichtlich Arbeitszeiten und Work-Life-Balance zu ändern. Die gezielte Anwendung von Feedback und Belohnungen fördert eine nachhaltige Verhaltensänderung, die sowohl dem Mitarbeiter als auch dem Unternehmen zugutekommt.

- Positive Bestrafung:

  Durch das Verhalten tritt eine unangenehme Konsequenz ein, z. B. man wird vor seinen Kollge*innen bloßgestellt.

  Die Auftretenswahrscheinlichkeit des Verhaltens wird reduziert.

  Die Bezeichnung „positiv" bedeutet nur, dass ein Reiz, also die unangenehme Konsequenz, hinzugefügt wird, nicht, dass dieser Reiz positiv ist.

In einem internationalen Großunternehmen kann die Anwendung von operanter Konditionierung mit positiver Bestrafung wie folgt aussehen:

Situation:

In einem internationalen Großunternehmen gibt es eine herausfordernde Situation im Top-Management. Die Geschäftsführung hat erkannt, dass die Kommunikation und Zusammenarbeit zwischen den verschiedenen Abteilungen und Teams verbessert werden muss, um die Effizienz und den Erfolg des Unternehmens zu steigern.

Anwendung der operanten Konditionierung mit positiver Bestrafung:

Um die gewünschten Verhaltensänderungen im Top-Management zu fördern, wird eine Strategie der operanten Konditionierung mit positiver Bestrafung eingesetzt.

Zielsetzung: Das Management definiert klare Ziele und Verhaltensstandards für die Zusammenarbeit zwischen den Abteilungen. Zum Beispiel sollen Teams regelmäßig Informationen und Ressourcen miteinander teilen, um die Gesamtperformance zu verbessern.

Regelmäßiges Feedback: Es wird eine Struktur für regelmäßiges Feedback eingeführt, bei dem Führungskräfte und Teammitglieder überwachen, wie gut die Teams die definierten Ziele erreichen. Dieses Feedback sollte sowohl positive als auch negative Aspekte der Zusammenarbeit hervorheben.

Positive Bestrafung: Wenn Teams die Ziele nicht erreichen und es an effektiver Zusammenarbeit mangelt, wird eine positive Bestrafung in Form von Konsequenzen eingesetzt. Dies könnte bedeuten, dass das Management zusätzliche Meetings oder Berichterstattung verlangt, um den Fortschritt zu verfolgen, was als zusätzliche Arbeitsbelastung empfunden wird.

Belohnung für erfolgreiches Verhalten: Auf der anderen Seite werden Teams, die die Ziele zur Verbesserung der Zusammenarbeit erreichen, belohnt. Dies könnte finanzielle Anreize, Anerkennung oder besondere Privilegien umfassen.

Wiederholung und Anpassung: Diese operante Konditionierung wird in einem kontinuierlichen Zyklus durchgeführt. Das Top-Management überwacht den Fortschritt, passt die Ziele und Belohnungen an und sorgt dafür, dass die operante Konditionierung mit positiver Bestrafung als Instrument zur Verhaltensänderung wirksam bleibt.

Dieser Ansatz zielt darauf ab, die gewünschten Verhaltensänderungen im Top-Management hervorzurufen, um die Zusammenarbeit zwischen den Abteilungen zu stärken und so die Unternehmenseffizienz zu steigern. Dabei werden positive Bestrafung und Belohnung als Mittel eingesetzt, um die gewünschten Verhaltensweisen zu verstärken und zu fördern.

- Negative Bestrafung:
  Durch das Verhalten wird eine angenehme Konsequenz entweder beendet oder tritt erst gar nicht auf, z. B. es wird kein Jahresbonus gezahlt.

  Die Wahrscheinlichkeit, dass dieses Verhalten wieder gezeigt wird, sinkt.

  Die Bezeichnung „negativ" meint nur, dass ein Reiz, also die positive Konsequenz, beendet wird oder nicht auftritt, nicht, dass dieser Reiz negativ ist.

Beispiel operante Konditionierung mit negativer Bestrafung im Top-Management eines internationalen Großunternehmens:

In einem großen internationalen Unternehmen gibt es eine Abteilung für strategische Planung und Geschäftsentwicklung, die von einem erfahrenen Top-Manager namens Robert geleitet wird. Robert hat ein Team von leistungsstarken Mitarbeitern, die in der Regel gut arbeiten, aber es gibt gelegentlich Verhaltensweisen, die unerwünscht sind.

Situation:

Robert hat festgestellt, dass einige seiner Teammitglieder wiederholt zu Meetings unpünktlich erscheinen oder ihre Aufgabenfristen nicht einhalten. Dies beeinträchtigt nicht nur die Effizienz der Abteilung, sondern hat auch Auswirkungen auf die Gesamtperformance des Unternehmens.

Operante Konditionierung mit negativer Bestrafung:

Um dieses Verhalten zu korrigieren und sicherzustellen, dass seine Teammitglieder pünktlich und effizient arbeiten, entscheidet sich Robert für den Einsatz der operanten Konditionierung mit negativer Bestrafung.

Klare Kommunikation: Zunächst informiert Robert sein Team klar und direkt über die Regeln und Erwartungen hinsichtlich Pünktlichkeit und Aufgabenerfüllung. Er betont, wie wichtig diese Aspekte für den Erfolg der Abteilung und des Unternehmens sind.

Einführung von Konsequenzen: Robert kündigt an, dass es nach jedem Meeting eine einstündige Nachbesprechung gibt. Wenn alle Teammitglieder unpünktlich zu Meetings erscheinen oder Aufgabenfristen einhalten, werden diese Nachbesprechungen ausfallen.

Negative Bestrafung: Wenn ein Teammitglied pünktlich zur Besprechung erscheint, setzt Robert negative Bestrafung ein.

Ergebnisse: Durch den Einsatz der operanten Konditionierung mit negativer Bestrafung gelingt es Robert, das unerwünschte Verhalten in seinem Team zu korrigieren. Die Mitarbeiter beginnen, pünktlicher zu sein und ihre Aufgaben effizienter zu erledigen, da sie die klaren Konsequenzen ihres Fehlverhaltens verstehen. Dies trägt dazu bei, die Produktivität und Effizienz der Abteilung zu steigern, was sich letztendlich positiv auf den Gesamterfolg des Unternehmens auswirkt.

Kommt es weder zu einer positiven noch zu einer negativ Verstärkung, so wird das Verhalten gelöscht, was bedeutet, dass es im weiteren Verlauf nicht mehr gezeigt wird. (Hautzinger 1993).

5.3   Lernen am Modell

Der kanadische Psychologe Albert Bandura ist der Begründer dieser Theorie. Grundaussage dieses Modells ist, dass Menschen nicht nur aufgrund von Verhaltenskonsequenzen lernen, sondern auch durch Beobachtung. Dies führt wiederum dazu, dass Wissen und Erfahrung von einem zum anderen weitergeben werden kann (Bandura 1965, 1969; Bauer 1996).

Für das Lernen am Modell gibt es bestimmte Voraussetzungen, welche erfüllt sein müssen, damit zu einem Lernvorgang kommt.

- Es muss ein Modell geben, also eine Person, die als Vorbild fungiert. Es muss ein bestimmtes Modellverhalten von dieser Person gezeigt werden. Und zwischen der lernenden Person und dem Modell muss eine bestimmte emotionale Beziehung bestehen.
- Das Verhalten des Modells muss die Aufmerksamkeit der lernenden Person erwecken und eine emotionale Beteiligung auslösen.
- Das Verhalten des Modells muss eine positive Konsequenz haben.
- Die lernende Person muss überhaupt die Möglichkeit haben, das Verhalten des Modells nachzuahmen.

Albert Bandura postulierte für seine Theorie vier Thesen.

1. Verhalten, welches über das Lernen am Modell gelernt wurde, wird nicht zwangsläufig unmittelbar gezeigt.
2. Es kann zu Modellierungseffekten kommen, wodurch das erlernte Verhalten in späteren, zum Teil ganz anderen Situationen, gezeigt wird.
3. Ein Verhalten muss nicht zwingend optisch beobachtet werden, sondern es ist auch eine Beschreibung ausreichend.

4. Gelerntes kann auch auf andere Bereiche übertragen werden.

Das Lernen am Modell lässt sich in zwei unterschiedliche Phasen einteilen.

- Aneignungsphase: Aufmerksamkeit und Behalten
- Eine (lernende) Person konzentriert seine Aufmerksamkeit auf das Verhalten einer anderen Person (= Modell), beobachtet dies und nimmt vor allem das wahr, was gerade besonders interessant erscheint. Es findet eine Abspeicherung des beobachteten Verhaltens im Gedächtnis statt.
- Ausführungsphase: Reproduktion und Motivation.
- Es kommt zum Erinnern des abgespeicherten Verhaltens und zur Nachahmung. Kommt es dadurch zu einer erfolgreichen Konsequenz für die nachahmende Person, das Verhalten wird verstärkt.

Durch das Beobachten und das Lernen werden im Gehirn der lernenden Person Gedächtnisstrukturen ausgebildet. Diese können entweder schon vorhandene Strukturen ergänzen und erweitern (Assimilation) oder neue Strukturen (= Schemata) bilden (Akkommodation).

Damit das Lernen am Modell erfolgreich abläuft, ist es nicht nötig, dass die beteiligten Personen, also Modell und beobachtende Person, sich ihrer Rolle bewusst sind. Womit es zu einem bewussten Lernen am Modell kommen kann, wobei die beobachtende Person beim Betrachten des Modellverhaltens mitdenkt. Es kann aber auch zu einem unbewussten Nachahmen kommen. Hierbei macht die lernende Person einfach alles Schritt für Schritt, wie das Modell.

Über dieses Modell können auch Emotionen erlernt werden. Die Modelle sind dann meist wichtige Bezugspersonen. Beispiel: Lernen wie mit Angst umzugehen ist.

Literatur

Angermeier, W. F. (1976). Kontrolle des Verhaltens. Das Lernen am Erfolg. 2., neubearb. Auflage. Berlin, Heidelberg, New York: Springer. ISBN 3-540-07575-5.

Bandura, A. (1965). Vicarious processes: a case of no-trial learning. In: Berkowitz L (Hrsg), Advances in experimental social psychology, Bd 2. New York, Academic Press, S 1–55.

Bandura, A. (1969). Principles of behaviour modification. New York, Holt, Rinehart & Winston.

Bauer, M. (1996). Modellernen in der Verhaltenstherapie. In: Reinecker H, Schmelzer D (Hrsg), Verhaltenstherapie, Selbstregulation, Selbstmanagement. Göttingen: Hogrefe, S. 223–233.

Brand, M., Schiebener, J. (2014). Allgemeine Psychologie I. Kohlhammer. ISBN 978-3-17-025470-1.

Müsseler, J., Rieger; M. (2016). Allgemeine Psychologie. Springer-Verlag. ISBN 978-3-642-53898-8.

Hautzinger, M. (1993). Löschung. In: Linden, M., Hautzinger, M. (Hrsg) Verhaltenstherapie. Berlin, Heidelberg: Springer. https://doi.org/10.1007/978-3-662-22591-2_36.

Zimbardo, P. G. (2013). Psychologie. Berlin, Heidelberg, New York: Springer.

Strategien zum besseren Verstehen von problematischen Verhalten, Gefühlen, Gedanken oder Körperreaktionen

6

Kommt es zu einem Problem aufgrund von einem bestimmten Verhalten, von Gefühlen (sie treten meist in zu hoher Intensität auf oder passen nicht zu den auslösenden Situationen) oder auch von Gedanken oder Körperreaktionen, so entsteht ein Leidensdruck bei der betroffenen Person. Ziel ist es dann, dass das Verhalten nicht mehr oder in einer anderen Form auftritt. Die Gefühle sollen nicht mehr stark auftreten. Die Gedanken sollen nicht mehr so quälend sein. Und die Körperreaktionen, wie z. B. Schwitzen, sollen nicht mehr auftreten.

Wenn ein Problem mit einem oder mit mehreren dieser Modalitäten (Verhalten, Gefühle, Gedanken, Körperreaktionen) vorliegt, sollte als erster Schritt eine fundierte Analyse des Problems vorgenommen werden. Bei dieser Problem- oder auch Verhaltensanalyse ist das Ziel, genau zu bestimmen, wann, wo und wie das Problem auftritt, was dem vorangegangen ist und was ihm folgt.

6.1 Ebenen des Verhaltens bei der Problemanalyse

Das Schema einer Problemanalyse eines problematischen Verhaltens sollte zunächst einmal drei Teilbereiche umfassen. Hierdurch sollen alle einzelnen Teilbereiche berücksichtigt werden und ein umfassender Überblick über die problematische

Situation erreicht werden. In der modernen Problemanalyse des Verhaltens wird dieses in unterschiedliche Bereiche aufgeteilt:

- Alpha-Ebene
  Bei dieser Ebene geht es um das unmittelbar beobachtbare Verhalten in der problematischen Situation.
  Bei dieser Ebene geht es um das unmittelbar beobachtbare Verhalten in der problematischen Situation.
  Hauptfrage: Was wird genau und auf welche Art und Weise getan?
  Beispiel:
  Die sozialängstliche Mitarbeiterin vermeidet gezielt, sich in Besprechungen zu Wort zu melden.
- Beta-Ebene
  Die Beta-Ebene ist die kognitiv-emotional-subjektive Ebene. Hierbei wir genau zusammengetragen, was in der problematischen Situation gedacht und gefühlt wurde.
  Hauptfrage: Was wird gedacht und gefühlt?
  Beispiel: Bei einer sozialängstlichen Person in einem Bewerbungsgespräch treten Gedanken wie „Ich bin nicht gut genug" und Gefühle wie Angst und Selbstzweifel auf.
- Gamma-Ebene
  Die dritte Ebene ist die physiologische. Hier wird genau beschrieben, welche körperlichen Reaktionen in der problematischen Situation auftreten.
  Hauptfrage: Wie reagiert der Körper?
  Beispiel:
  Beim Vortrag an der Universität kommt es bei dem sozialängstlichen Dozenten zu Schweißausbrüchen.

6.2   Mikro- und Makroproblemanalysen

Eine gute Problemanalyse ist Grundbaustein einer guten Lösungsplanung. Zunächst muss es eine genaue, exakte und umfassende Beschreibung der Problematik geben, um von dort aus eine gute Planung der Lösung zu erarbeiten.

Die Problemanalyse wird in zwei große Bereiche aufgeteilt. Zum einen gibt es die Mikroanalyse, bei der es um das Verstehen einer ganz bestimmten, distinkten Situation geht. Zum anderen gibt es die Makroanalyse. Hierbei geht es um den biografischen Bezug, den die problematische Situation hat. Es geht hierbei also um die individuelle Lerngeschichte.

Die sich aus der Mikro- und Makroproblemanalyse ergebende Gesamthypothese über die problematische Situation ist die Grundlage für das konkrete Umgehen mit den Symptomen. In dieser Gesamthypothese sind unterschiedliche Teilhypothesen enthalten, z. B.

über den Zusammenhang zwischen dem Auftreten der problematischen Situation und den Konsequenzen. Sowohl die Teil- als auch die Gesamthypothese sollte immer wieder überprüft und unter Umständen angepasst werden.

6.2.1 Mikroproblemanalyse (SORKC-Modell)

Wie bereits erwähnt, geht es bei der Mikroproblemanalyse, welche auch horizontale Problemanalyse genannt wird, um das Verständnis einer, ganz konkreten, problematischen Situation. Hierbei wird die Mikroanalyse wieder in Teilbereiche aufgeteilt. Diese Aufteilung wird nach dem sogenannten SORKC-Modell vorgenommen. Der Name ist ein Akronym für die Anfangsbuchstaben der 5 Teilbereiche. Dieses Analysemodell wurde führend von Frederick Kanfer (2000) entwickelt und basiert auf dem Modell von B. F. Skinner. Bei der Mikroproblemanalyse wird das Verhalten auf Symptomebene (z. B. sozialphobische Ängste) genau beschrieben. Wichtig ist es dabei, einen guten Gesamtüberblick zu erhalten, in dem sowohl Auslöser als auch Häufigkeit, Dauer und Intensität der problematischen Situation und die Konsequenzen der problematischen Situation betrachtet werden.

6.2.1.1 Stimulus- und Organismuskomponente (S und O)

Die ersten beiden Komponenten des SORKC-Modells sind die Stimulus- und die Organismuskomponente (auch O-Variable) genannt. Beide Komponenten gehen der eigentlichen problematischen Situation voraus.

S – Stimuluskomponente:

Hierunter werden alle äußeren und inneren Faktoren zusammengefasst, welche als Auslöser für die problematische Situation gesehen werden können. Äußere Faktoren sind z. B. Umweltreize oder das Verhalten von anderen. Innere Faktoren können eigene Gedanken, Gefühle, Erinnerungen, Ziele oder Wünsche sein.

Hauptfragen sind:

In welcher Situation tritt das Problem auf?

Welche momentan wirkenden Faktoren sind für das Verständnis der problematischen Situation relevant?

O – Organismuskomponente:

Unter der O-Variablen werden alle individuellen biologischen, physiologischen und lernpsychologischen Ausgangsbedingungen subsumiert, welche im Sinne von Persönlichkeitsvariablen wirken, wie z. B. Intelligenz, Selbstkonzept und Kontrollüberzeugungen.

Hauptfragen sind:

Was sind die individuellen Charakteristika der Person auf die Stimuluskomponente?

Welche länger andauernd wirkenden Faktoren sind für das Verständnis der problematischen Situation relevant?

6.2.1.2 Unerwünschte Reaktion (R)

Die dritte Komponente ist die unerwünschte Reaktion. Hiermit ist die konkrete Reaktion auf die Stimuluskomponente, nach der Verarbeitung durch den Organismus, gemeint. Es geht dabei um die genaue Beschreibung der unerwünschten Reaktion. Diese wird auf kognitiver, motorischer, vegetativer und affektiver Ebene erfasst.

- Rb – behavioral (Reaktion im Verhalten)
  Zeitpunkt? Dauer? Intensität? Auftrittshäufigkeit?
  Hauptfragen:
  Wann tritt die problematische Situation auf?
  Wie lange dauert sie?
  Wie oft tritt sie auf?
- Rl – kognitiv (Reaktion in der subjektiven Bewertung und Erwartung)
  Subjektive Bewertung? Erwartungen?
  Hauptfragen:
  Was wurde in der problematischen Situation gedacht/erwartet?
  Wie wurde die problematische Situation bewertet?
- Re – emotional (emotionale Reaktion)
  Gefühle und Empfindungen?
  Hauptfrage:
  Was wurde in der problematischen Situation gefühlt?
- Rp – physiologisch (Reaktion auf körperlicher Ebene)
  Körperliche Empfindungen?
  Hauptfrage:
  Wie hat der Körper in der problematischen Situation reagiert?

6.2.1.3 Nachfolgend/Verstärkerplan (K und C)

Die beiden letzten Komponenten sind die Kontingenz- und die Konsequenzkomponenten.

K – Kontingenzkomponente:

Mit Kontingenz ist gemeint, wie häufig, wie regelmäßig und wie vorhersehbar eine bestimmte Konsequenz auf die problematische Situation folgt.

Eine hohe Kontingenz bedeutet, dass jedes Mal danach eine Konsequenz folgt. Eine niedrige Kontingenz wiederum, dass nur selten, z. B. nur jedes vierte Mal, eine Konsequenz folgt. Es bezeichnet also die Regelmäßigkeit des Auftretens der Konsequenz nach der problematischen Situation.

Hauptfrage:

Wie häufig tritt die Konsequenz nach der problematischen Situation auf?

Wie vorhersehbar tritt die Konsequenz nach der problematischen Situation auf?

C – Verhaltenskonsequenz:

Hierbei wird nur die Konsequenz auf die problematische Situation, unter den Gesichtspunkten des Auftretens von Verstärkung oder Bestrafung, als Folge auf die problematische Situation eines Verhaltens betrachtet.

Hauptfrage: Was folgt auf die problematische Situation?

Konsequenzen können nach den operanten Lernprozessen von B. F. Skinner folgende sein:

- positive Verstärkung: Belohnung,
- negative Verstärkung: Beenden eines unangenehmen Zustands,
- direkte Bestrafung: Herbeiführen eines unangenehmen Zustands,
- indirekte Bestrafung: Beenden eines angenehmen Zustands.

Gesamtbeispiel am Verhalten einer sozialphobischen Person:

Situation: Die Person muss einen Vortrag halten (externe auslösende Situation).

Organismus: Sich selbst abzuwerten und darüber zu grübeln, was andere denken können, ist Teil des Denkstiles der Person.

Reaktion (kognitiv): „Die anderen denken ich bin nicht gut in meinem Vortrag und habe gar keine Ahnung von meinem Beruf."

Reaktion (emotional): Angst.

Reaktion (physiologisch): erhöhter Puls, Schwitzen.

Reaktion (motorisch): Die Person gibt vor, dass es einen wichtigen anderen Termin gibt und so der Vortrag von ihr nicht gehalten werden muss.

Konsequenz (kurzfristig): Die Angst und Anspannung fallen sehr schnell ab.

Konsequenz (langfristig): Die Person vermeidet zunehmend Vorträge und behindert sich so selbst in der beruflichen Weiterentwicklung.

6.2.2   Makroproblemanalyse

Ziel einer guten Makroproblemanalyse, auch vertikale Verhaltensanalyse genannt, ist es, zu beleuchten, wie die aktuelle problematische Situation entstanden ist und welche biografischen Hintergründe, also bestimmte Lebens- und Beziehungserfahrungen, dabei eine Rolle gespielt haben. Es wird eine möglichst übersichtlicher und vollständiger Gesamtüberblick über die vorhandenen und bedeutenden Problem- und Lebensbereiche erstellt. Es können in diesem Rahmen bestimmte Familienschemata erkannt werden. Es werden erarbeitet, welche Schemata an Beziehungsgestaltung bei der betroffenen Person aktiv sind. Es kann ersichtlich werden, welche Konflikte und Ambivalenzen es bezüglich Motivation, Veränderungsbereitschaft und Vermeidungsverhalten gibt. Und es sollten die vorhandenen Ressourcen ersichtlich werden.

Es sollten folgende Punkte erfasst werden:

Wie ist der individuelle Hintergrund der problematischen Situation? Hierzu sind folgende Aspekte zu klären:

- Welche prädisponierenden Einflüsse gab es?
- Wie ist die genetische Vulnerabilität?
- Welche familiären Einflüsse waren und sind aktiv?
- Was sind die individuellen inneren und äußeren Ressourcen?

Welche Bedingungen haben zum Auslösen der problematischen Situation geführt? (sogenannte „Schwellensituation")

- Hierbei geht es um die zentrale Frage, warum es exakt zu diesem Zeitpunkt in dieser Konstellation zum Auftreten der problematischen Situation gekommen ist?

Welche Faktoren führen dazu, dass die problematische Situation immer wieder auftritt bzw. nicht endet?

- Bei der Erörterung dieser aufrechterhaltenden Bedingungen, wird auf die Funktionalität der problematischen Situation fokussiert.
- Hierbei kann es eine sogenannte interindividuelle Funktionalität geben. Der Fokus liegt hier voll und ganz auf der betroffenen Person.
- Was wird durch die problematische Situation in dieser Person erreicht oder vermieden?
- Bei der interaktionellen Funktionalität liegt der Fokus dagegen auf dem sozialen Kontext der betroffenen Person.
- Was wird durch die problematische Situation im Kontakt mit den anderen erreicht oder vermieden?

Welche Bewältigungsansätze bringt die betroffene Person bereits mit?

- Es wird mit der betroffenen Person an dem subjektiven Krankheits- und Bewältigungsverständnis gearbeitet. Es werden bereits vorhandene Copingstrategien identifiziert, benannt und ausgebaut. Und es wird die mögliche soziale Unterstützung erarbeitet.
- Wie versteht die betroffen Person die Entstehung der Symptome?
- Welchen Weg sieht sie in der Bewältigung davon?
- Wie ist sie bisher damit umgegangen bzw. hat sie versucht, die problematische Situation zu lösen?
- Welche soziale Unterstützung hat die Person und kann diese ausgebaut werden?

6.2.3   Plananalyse nach Caspar

Die Plananalyse (Caspar, 1996, 2007) stellt einen Teil der Makroplananalyse dar. Ziel einer Plananalyse ist es, genauer zu verstehen, welche Funktionen die problematische Situation im Inneren der betroffenen Person hat, welche Bedürfnisse vorhanden sind und Pläne zum Erreichen der Bedürfniserfüllung aktiv sind. Sowohl die Bedürfnisse als auch die Pläne können zum Teil widersprüchlich und gegensätzlich sein als auch explizit oder implizit. In der betroffenen Person können also zeitgleich mehrere Bedürfnisse gerade aktiv sein, welche sich auch widersprechen können. Die aktiven Pläne können auch dem eigentlichen Bedürfnis entgegen wirken. Zudem kann es sein, dass der Person weder die Bedürfnisse noch die aktiven Pläne, also der Weg zu Erfüllung der Bedürfnisse, bewusst sind.

Ein Plan wird definiert aus einem Ziel, das erreicht werden soll und einem Mittel, das eingesetzt wird, um dieses Ziel zu erreichen. Das Ziel eines Plans ist nicht immer ein funktionales Ziel. Pläne mit einem dysfunktionalen Ziel führen oftmals zu einem Problem.

Es werden drei Arten von Plänen unterschieden, welche in sich hierarchisch sind.

- Oberplan
  Ein Oberplan stellt die hierarchisch höchste Ebene dar. Hierbei handelt es sich um eine allgemeine Strategie, welche als Ziel hat, übergeordnete Ziele zu erreichen.
  Beispiel:
  „Ich setze alles daran, um respektiert zu werden."
- Verhaltensplan
  Hierbei handelt es sich um eine Strategie, um in bestimmten Gruppen von Situationen Teilziele zu erreichen, um das übergeordnete Ziel des Oberplans zu sichern.
  Beispiel:
  „Ich mache viele Überstunden und arbeite auch am Wochenende."
- Verhaltensregel
  Dies ist ein Plan, also eine Vorgehensweise in einer ganz bestimmten Situation
  Beispiel:
  „Ich sage jedesmal, wenn ich in den Urlaub gehe, dass mein Chef mich, wenn er mich braucht, jederzeit anrufen kann."

Bei der Arbeit mit und an Plänen sollten folgende Punkte betrachtet werden.

- Arbeit an der Bewusstheit der Pläne
  Hauptfrage: Sind alle Pläne bekannt?
- Arbeit an der Erreichbarkeit der Pläne
  Hauptfrage: Liegen unrealistische und nicht erreichbare Pläne vor?
  (Beispiel: „Ich muss immer!/Ich darf nie!")

- Fokussierung auf die Widersprüche und/oder Hierarchie der Pläne
  Hauptfragen: Welche Ziele haben die Pläne und an welcher Stelle widersprechen sie sich? Gibt es eine Hierarchie und wenn ja welche?
- Erarbeitung der Effizienz der Mittel, welche zur Erreichung des Ziels im Rahmen des Plans eingesetzt werden.
  Hauptfrage: Sind die gewählten Strategien passend?
- Erarbeitung der Kompetenzen, welche zur Veränderung der problematischen Situation nötig sind.
  Hauptfrage: Was ist nötig, um eine Änderung des Plans und/oder des Ziels vorzunehmen? Welche Hindernisse gibt es?

6.2.4 Kognitive Umstrukturierung

Wie nun bereits mehrfach erwähnt, stellen die Gedanken, also Kognitionen, eine sehr zentrale Rolle beim menschlichen Wahrnehmen, Fühlen und Verhalten dar. Je nachdem, welche Gedanken und Überzeugungen bei einer Person aktiv sind, kann sich auch das Fühlen, Wahrnehmen und Verhalten ändern, genauso wie die jeweiligen Interpretationen des sozialen Umfelds. Aufgrund der zentralen Stellung der Gedanken wurden in der kognitiven Verhaltenstherapie einige Strategien erarbeitet, wie verzerrte Gedanken bearbeitet werden können. Diese Bearbeitung nennt man kognitive Umstrukturierung.

Die kognitive Umstrukturierung beschreibt eine Veränderung der gedanklichen Konzepte der betroffenen Person.

Die kognitive Umstrukturierung findet in fünf Schritten statt.

1. Einführung des kognitiven Modells
   Hierbei werden die kognitiven Modelle und damit die Zusammenhänge zwischen Gedanken, Verhalten, Gefühlen und Körper erklärt. Ziel ist, das die betroffene Person selbst verstanden hat, wie diese Modelle funktionieren und was diese bei ihr individuell bedeuten.
2. Identifizieren und Benennen dysfunktionaler Gedanken
   In diesem Schritt steht die Selbstbeobachtung in ganz konkreten Situationen im Vordergrund. Diese Selbstbeobachtung stellt eine Grundbedingung für die weitere Arbeit an den Kognitionen dar. Hier werden schriftliche Situations- / Verhaltensprotokolle verwendet. Zudem können Rollenspiele eingesetzt werden.
3. Infragestellen der dysfunktionalen Gedanken
   Nachdem die betroffene Person erkennen kann, welche dysfunktionalen Gedanken in welchen Situationen auftreten, soll im Weiteren der Inhalt und die Angemessenheit dieser Gedanken hinterfragt werden. Die Gedanken sollen somit unter den Gesichtspunkten der Rationalität, Begründung und Realität betrachtet werden.
4. Entwicklung alternativer Gedanken

Die dysfunktionalen Gedanken werden nun sukzessive durch neue funktionale Überzeugungen ersetzt.

5. Training der alternativen Gedanken

Die funktionalen Gedanken müssen nun im Alltag geübt werden.

Zentrale Methode im Rahmen der kognitiven Umstrukturierung ist der „Sokratische Dialog". Hierbei wird das Gegenüber nur dabei angeleitet, die dysfunktionalen Gedanken zu identifizieren und zu verändern.

Zudem kommt der Technik der Realitätsüberprüfung von Beck eine wichtige Rolle zu. Dabei geht es um die Überprüfung der dysfunktionalen Gedanken anhand der Realität. Das Gegenüber soll dazu eingeladen werden, zu überprüfen, inwiefern die formulierten Gedanken und Interpretationen empirisch belegbar sind und welche kognitiven Verzerrungen möglicherweise vorliegen. Die betroffene Person soll z. B. im Alltag Beobachtungen zu sammeln, welche den jeweiligen Gedanken oder die jeweiligen Interpretationen belegen oder widersprechen.

Literatur

Caspar, F. (1996). Psychotherapeutische Problemanalyse. Tübingen: DGVT-Verlag.

Caspar, F. (2007). Beziehungen und Probleme verstehen. Eine Einführung in die psychotherapeutische Plananalyse. (3. Aufl.). Bern: Huber.

Kanfer, F. H., Reinecker, H., Schmelzer, D. (2000). Selbstmanagement-Therapie. Berlin, Heidelberg. Springer. 3. Aufl..

Achtsamkeit 7

Achtsamkeit stellt eine Grundidee, ein Konzept und eine Praxis dar, die ursprünglich aus dem Buddhismus kommt und seit Ende der 1970er-/1980er-Jahren zunehmend in der westlichen Gesellschaft und in der Psychotherapie Einzug gefunden hat.

Mittlerweile sind nicht nur die buddhistischen Ideen deutlich präsenter in Europa und Nordamerika, es gibt auch kaum mehr eine psychotherapeutische Arbeit, die sich nicht der Achtsamkeit bedient. Dabei hat die Idee der Achtsamkeit beim Transfer von der Religion in die Therapie einen kleinen Wandel erfahren.

7.1 Spirituelle Achtsamkeit

Achtsamkeit ist ein Konzept, welches im Buddhismus eine ganz zentrale Rolle spielt. Es ist eine Grundhaltung und erfordert eine regelmäßige meditative Übung. Achtsamkeit ist in allen buddhistischen Schulen zu finden.

Grundidee ist das Einüben und Erreichen eines Zustands, in welchem man vollumfänglich gegenwärtig präsent ist, das Gegenwärtige wahrnimmt und nicht wertet.

Im Buddhismus findet man die Achtsamkeit im Achtfachen Pfad. Dieser stellt einen zentralen Lehrinhalt aller buddhistischen Schulen dar. Er ist sozusagen ein Handlungsleitfaden, wie Leid, nach buddhistischem Verständnis, überwunden und Erlösung, also das Erreichen des Nirwanas, gefunden werden kann Der Achtfache Pfad wiederum ist Teil der Vier Edlen Wahrheiten.

S. J. Matten und M. J. Pausch, *Depression, Trauma und Ängste*, https://doi.org/10.1007/978-3-658-43966-8_7

Die Vier Edlen Wahrheiten sind (Dalai Lama 1999; Weil 2006; Gen Atem 2006):

- Das Leben ist leidvoll. (Dukkha)
- Die Ursachen des Leidens sind die drei Geistesgifte Gier, Hass und Unkenntnis. (Samudaya)
- Erlöschen die Ursachen, erlisch das Leid. (Niroda)
- Zum Erlöschen des Leidens führt der Edle Achtfache Pfad. (Magga)

Die Regeln des Achtfachen Pfades der Erkenntnis lauten (Schruhl 2000):

- Rechte Einsicht
- Rechte Gesinnung
- Rechte Rede
- Rechtes Handeln
- Rechter Lebenserwerb
- Rechtes Streben und Üben
- Rechte Achtsamkeit
- Rechte Konzentration.

Im Buddhismus sind die Menschen also achtsam bzw. streben nach „rechter Achtsamkeit", um Leid zu überwinden und letztendlich, um Erlösung zu finden. Hierzu haben sich in den unterschiedlichen buddhistischen Schulen, welche sich zum Teil sehr stark voneinander unterscheiden, verschiedene Praktiken, Rituale und Übungen entwickelt.

Auf dem Weg der „rechten Achtsamkeit" bzw. beim Üben der Achtsamkeit, gibt es in der Madhyamaka-Lehre, einer philosophischen Grundlage des tibetischen Buddhismus, vier Beobachtungsbereiche. In der Achtsamkeit sollen diese vier Bereiche wahrgenommen werden (Gunaratana 1996; Thích Nhất Hạnh 2001, 2002).

Diese sind

- Körper,
- Gefühle,
- Geist,
- Selbstlosigkeit der Phänomene (= Wahrnehmung des Nichtvorhandenseins einer unmöglichen „Seele" aller Phänomene).

7.2   Therapeutische Achtsamkeit

Mit Ende der 1970er- und Beginn der 1980er-Jahren wurde die Achtsamkeit zunehmen von der westlichen Gesellschaft und von der Psychotherapie entdeckt. Im Bereich der Psychotherapie hat Jon Kabat-Zinn, ein ehemaliger Professor der University of Massachusetts, hier eine zentrale Rolle gespielt (Kabat-Zinn 2011).

Grundidee der „therapeutischen" Achtsamkeit war und ist, die Effekte, welche Achtsamkeit und Achtsamkeitsübungen auf den menschlichen Körper und Geist hat, frei von einer religiösen oder philosophischen Idee zu nutzen.

Während es also bei der „buddhistischen" Achtsamkeit in letzter Instanz um die Erlösung von Leid durch Erreichen des Nirwanas geht, geht es bei der „therapeutischen" Achtsamkeit um das Nutzen der positiven Auswirkungen der Achtsamkeit auf Körper und Geist im Hier und Jetzt.

Das Achtsamkeit einen ungemein positiven Effekt auf Körper und Seele hat, und z. B. Stress reduziert, zu erholsameren Schlaf führt, Schmerzen lindert, Ängste mildert und zu höherer Konzentration führt, ist mittlerweile in vielen Studien belegt worden.

In der „therapeutischen" Achtsamkeit reduzieren wir die vier Beobachtungsbereiche, welche wir oben bei der Madhyamaka-Lehre kennengelernt haben, einfach. Bei dieser Lehre sollen ja die Bereiche Körper, Gefühle, Geist und Selbstlosigkeit der Phänomene in der Achtsamkeit fokussiert werden. In der „therapeutischen" Achtsamkeit lassen wir den letzten Punkt, also das Fokussieren auf die Selbstlosigkeit aller Phänomene einfach weg. Bei den anderen Bereichen können wir, nach Bedarf und Erfahrung, variieren. Beginnt man gerade, mit Achtsamkeit zu experimentieren und ist noch sehr unerfahren, ist es sinnhaft, erstmal nur mit einer Achtsamkeitsübung zu beginnen, bei der der Wahrnehmungsfokus des Körpers z. B. das Kommen und Gehen des Atems ist.

Achtsamkeit ist etwas, was man gezielt als Übung, z. B. auch als Meditationsübung, über einen bestimmten Zeitraum machen kann, also z. B. zehn Minuten achtsam spazieren gehen.

Achtsamkeit ist aber auch etwas, was zum Teil des Alltags werden kann und sollte. Ich muss also nicht mehr explizit zehn Minuten am Tag für einen achtsamen Spaziergang einplanen, sondern Achtsamkeit ist ein Teil meines Alltags geworden und wann immer ich eine kleine Strecke zu Fuß gehen muss, werde ich diese automatisch achtsam gehen.

Durch regelmäßiges Üben von Achtsamkeit, wird diese ein Teil meines Lebens und dadurch ändert sich mein Blick auf mein Leben und meinen Alltag.

Eine weitere Person, die zur Verbreitung der Achtsamkeit in der Psychotherapie einen großen Beitrag geleistet hat ist Marsha Linehan. Sie ist eine US-amerikanische Psychologieprofessorin mit einer beeindruckenden Vita. Die Dialektisch-Behaviorale Therapie (DBT), eine originär zur Behandlung von Borderline-Persönlichkeitsstörungen gedachte Therapieform, wurde von entwickelt. In diesem Behandlungskonzept kommt der Achtsamkeit eine zentrale Rolle zu (Huppertz 2003).

Es werden im Rahmen des DBT-Achtsamkeitskonzept zwei Fertigkeiten unterschieden, zum einen die „Was-Fertigkeiten", zum anderen die „Wie-Fertigkeiten". Diese unterschiedlichen Fertigkeiten wurden so explizit ausgearbeitet, damit es leichter verständlich wird, was mit „achtsam sein" eigentlich gemeint ist, und welche konkreten Dinge denn getan werden sollen.

7.3   Was-Fertigkeiten

„Was-Fertigkeiten" beschreiben, auf welche Art und Weise etwas getan werden soll. Was
soll ich also, wenn ich achtsam spazieren gehe, denn tun. Diese drei „Was-Fertigkeiten"
sind „Wahrnehmen", „Beschreiben" und „Teilnehmen".

7.3.1   Achtsames Wahrnehmen

Bei Wahrnehmen geht es darum, dass das, was gerade da ist, was gerade wahrgenommen wird, ganz bewusst wahrgenommen wird. Das was in diesem Moment über die
fünf Sinne wahrgenommen wird und an Gefühlen, Gedanken, Körperempfindungen und
auch an Handlungsimpulsen vorhanden sind, sollte ganz bewusst wahrgenommen werden
(Bohus und Wolf 2009).

   Beim achtsamen Spaziergang nehme ich also wahr, wie sich der Boden unter meinen
Füßen anfühlt, wie sich mein Körper beim Gehen bewegt, welche Geschwindigkeit ist
gerade gehe, welche Gedanken und Gefühle mir dabei durch den Kopf gehen (z. B. ein
Gefühl von Unwohlsein, weil man so komisch läuft, oder ein Gedanke, dass man gerade
im Moment eigentlich besseres zu tun hätte als „nur" achtsam zu gehen).

7.3.2   Achtsames Beschreiben

Im nächsten Schritt geht es darum, das, was gerade wahrgenommen wurde, in Worte zu
bringen. Es geht darum, die Sinneseindrücke zu versprachlichen (Bohus und Wolf 2009).

   Während des achtsamen Spaziergangs wäre also das Beschreiben ein in Worte fas-
sen von dem, was gerade wahrgenommen wurde. Das könnte sein, zu beschreiben, wie
der Boden, auf dem man läuft, aussieht, den Gefühlen einen Namen geben und zu
verbalisieren, welche Handlungsimpulse gerade in einem aktiv sind.

7.3.3   Achtsames Teilwerden

Das Teilnehmen ist immer etwas schwierig zu beschreiben. Gemeint ist damit, voll bei
der Sache zu sein, die man gerade tut, und sich dabei nicht ablenken lassen. Dies kann
zur Erfahrung von einem „Flow" verhelfen (Bohus und Wolf 2009).

   Wenn ich achtsam spazieren gehe, gehe ich ganz in diesem Spaziergang auf.

7.4 Wie-Fertigkeiten

Geht es bei den „Was-Fertigkeiten" darum, zu beschreiben, was man eben tut, geht es bei den „Wie-Fertigkeiten" darum, wie ich das tue, was ich tue.

Die „Wie-Fertigkeiten" sind „offen annehmend", „im Augenblick sein" und „umsichtiges Handeln".

7.4.1 Offen annehmen

Diese Fertigkeit zielt darauf ab, das Wahrgenommene so anzunehmen, wie es ist. Sinneswahrnehmungen, Gedanken und Gefühle so zu akzeptieren, wie sie sind und dabei nicht zu bewerten. Das Wahrgenommene soll eben nur wahrgenommen, aber nicht bewertet werden. Es soll eine Distanz dazu hergestellt werden. Man hat diese Wahrnehmungen, aber man ist sie nicht. Diese Wahrnehmungen kommen und gehen, und Ziel ist es, dieses Kommen und Gehen wahrzunehmen (Bohus und Wolf 2009).

Es geht dabei nicht darum, dass das Wahrgenommene gutgeheißen oder gebilligt wird und keine Konsequenzen gezogen werden sollen. Es geht darum, zu erkennen was gerade da ist und das dies gerade jetzt da ist, hat seine Ursachen. Das Wahrgenommene an sich ist weder gut noch schlecht. Durch diesen neutralen, nicht wertenden Blick wird der Weg erst frei, zu sehen, was wirklich da ist. Und von diesem Punkt aus, können Entscheidungen getroffen werden, die einen wirklich dort hinbringen, wohin man möchte.

Der Grundsatz beim bewertungsfreien Annehmen sollte sein „Don't judge!".

7.4.2 Im Augenblick sein

Die Herausforderung hierbei ist das Konzentriertsein. Sich immer nur auf eine Sache konzentrieren. Kommt es dabei zu einer Ablenkung, z. B. durch Geräusche, Gedanken und Gefühle, sollte man diese Störungen als solche erkennen und mit der Aufmerksamkeit wieder zur eigentlichen Tätigkeit zurückkehren. Der Moment, in dem erkannt wird, ich bin jetzt von der eigentlichen Sache abgelenkt, das ist der Moment, in dem tatsächliches „Im-Augenblick-Sein" passiert (Bohus und Wolf 2009).

Erfahrungsgemäß dauert es nur wenige Sekunden, bis beim Versuch im Augenblick zu sein, die ersten Störungen auftreten. Gerade hat man sich noch vorgenommen, die ganze Aufmerksamkeit auf das Kommen und Gehen des Atmens zu legen, und schon sind die ersten störenden Gedanken da und man denkt darüber nach, was heute noch alles erledigt werden muss. In dem Moment, in dem einem gewahr wird, dass man mit seiner Aufmerksamkeit nicht mehr beim Atem ist, sondern bei der weiteren Tageplanung, sind wir „im Augenblick". Wenn wir wahrnehmen, dass wir nicht mehr beim Atem, sondern wo ganz wo anders sind, nehmen wir dies wahr und gehen wieder zurück zum Atem.

Wahrscheinlich wird sich das erstmal lange Zeit so wiederholen, aber Schritt für Schritt wird die Zeit, in der man ganz im Augenblick ist, länger. Hier heißt es also, Geduld zu haben.

7.4.3 Umsichtiges Handeln

„Umsichtiges Handeln" bedeutet wirkungsvolles Handeln. Dieses Handeln meint, dass in der gegenwärtigen Situation das getan werden sollte, was adäquat, möglich und zielführend ist. Es soll das getan werden, was möglich ist und was auch funktioniert. Sinn und Ziele einer Handlung sollten im Auge behalten werden.

Der Leitsatz sollte sein „play by the game!"

Achtsamkeit stellt eine permanente Übung dar. Es geht dabei nicht um das Erreichen eines Ziels, sondern um das Üben selbst. Deshalb kann man auch bei Achtsamkeit nur einen Fehler machen, nämlich aufzuhören zu üben (Bohus und Wolf 2009).

Multitasking könnt man als etwas betrachten, das der Achtsamkeit gegenübersteht. Multitasking meint ja, dass mehrerer Dinge gleichzeitig getan werden können. Dabei ist das menschliche Gehirn überhaupt nicht in der Lage dazu, mehrere Dinge gleichzeitig zu tun. Wenn wir uns mit mehreren Dingen gleichzeitig beschäftigen und den Eindruck haben wir sind gerade multitaskingfähig, erliegen wir einem Trugschluss. Unser Gehirn ist zwar nicht dazu fähig zwei oder mehr Dinge gleichzeitig zu tun, es ist aber in der Lage, den Fokus dessen, was wir tun, sehr schnell zu ändern. Unser Gehirn wechselt also nur ganz schnell von einer Aufgabe zur nächsten. Und das reduziert die Effektivität unseres Gehirns. Ratsam wäre es, die verschiedenen Aufgaben zu trennen und eine nach der anderen abzuarbeiten.

7.5   Radikale Akzeptanz

Das menschliche Leben beinhaltet eine Konfrontation mit Herausforderung, Problemen, Hindernissen, Rückschlägen, Verlusten und vielen anderen schmerzhaften Erfahrungen. Durch das Praktizieren von Achtsamkeit, haben wir bisher gesehen, finden wir zum einen einen Weg, um Zugang zu unseren aktuellen Sinneswahrnehmungen und unseren inneren Bewertungen zu erhalten. Achtsamkeit hilft uns dabei, das anzunehmen.

Durch Achtsamkeit können wir erkennen, an welcher Stelle in unserem Leben wir nicht zufrieden sind. An welcher Stelle wir eine Veränderung wünschen. Und wenn wir auf Herausforderungen, Probleme oder sonstige schmerzhafte Erfahrungen stoßen, können wir erkennen, wo wir sind und wo wir hinwollen.

Treffen wir auf Herausforderungen, die wir lösen können, so sollten wir diese auch adäquat und effizient lösen. Wir denken hier an die „Wie-Fertigkeit" umsichtig Handeln mit dem Grundsatz „play by the game!". Manchmal treffen wir aber auch auf Herausforderungen, die wir nicht ändern können. Wir erfahren Verluste, die wir nicht abändern können, die wir nicht rückgängig machen können.

Schmerz und Leid

Schmerz und Leid sind zwei unterschiedliche Konstrukte und sollten auch unterschiedlich betrachtet werden.

Schmerz gehört zum Leben, wie Essen, Trinken, Atmen und Schlafen. Schmerz kann nicht vermieden werden. Schmerz ist eine normale, physiologische Reaktion und sollte Platz finden. Unternehmen wir den Versuch, Schmerz zu leugnen, zu verdrängen, wird dies nicht erfolgreich gelingen. Meist wird dadurch die Situation noch schlechter und zum Schmerz kommt das Leid.

Leid resultiert aus der Vermeidung von Schmerz. Wenn wir den Schmerz nicht akzeptieren und versuchen, ihm keinen Platz zu geben, entsteht Leid. Dem Schmerz keinen Platz zu geben, kann sich dadurch äußern, dass man sich weigert, dass was unvermeidlich ist, zu akzeptieren. Wir haben dann so Gedanken wie „das darf so nicht sein", oder „das will ich so nicht haben".

Schmerz ist endlich, Leid kann endlos sein. Leid wird durch das Annehmen des Schmerzes beendet.

Beim Annehmen dieses Schmerzes hilft uns die radikale Akzeptanz. Sie ist ein Ansatz aus dem Zen-Buddhismus und fand vor allem durch Marsha Linehan und ihre Dialektisch-Behaviorale Therapie Einzug in die Psychotherapie (Bohus und Wolf 2009).

Radikale Akzeptanz ist die Bereitschaft, das was schmerzhaft ist, vollumfänglich anzunehmen. Es bedeutet, dass wir die Gedanken, Gefühlen und Körperwahrnehmungen zulassen, nicht bekämpfen und nicht verändern wollen.

Radikale Akzeptanz ermöglicht es, dass das Erfahren und Erleben dessen, was gerade ist, und so wie es eben ist, inklusive der eigenen Reaktion darauf, angenommen werden kann. Eine solche Haltung ist notwendig, wenn wir vor einer Herausforderung stehen, die nicht gelöst werden kann (Brach 2004).

Unangenehme Erfahrungen, Gedanke und Gefühle ertragen zu können, solange sie sich nicht verändern lassen, versetzt uns in die Lage, Leid zu vermeiden oder zu beenden und Schmerz zu überwinden.

Wirksamkeit von Achtsamkeit

Mittlerweile ist Achtsamkeit und die Wirkung davon auf Körper, Geist und Seele vielfach untersucht. Jedes Jahr erscheinen mehrere hundert wissenschaftliche Artikel (Janssen et al. 2018).

- Zum aktuellen Zeitpunkt kann man davon ausgehen, dass Achtsamkeit folgende nachgewiesene Effekte hat:
- Verbesserung der Aufmerksamkeitsregulation

- Gedanken, Grübeleien und Ängste werden besser wahrgenommen und können besser reguliert werden
- Präventive Wirkung u. a. für Depressionen
- Besserer Umgang mit Gefühlen, besonders mit schwierigen

Literatur

Bohus M., Wolf, M. (2009). Interaktives SkillsTraining für Borderline-Patienten. Stuttgart, New York: Schattauer.

Brach, T. (2004). Radical Acceptance: Embracing Your Life With the Heart of a Buddha. Vereinigtes Königreich: Random House Publishing Group.

Dalai Lama (1999). Die Vier Edlen Wahrheiten. Die Grundlagen des Buddhismus. Frankfurt am Main: Krüger Verlag. ISBN 3-8105-1137-4.

Gen Atem (2006). Die Vier Edlen Wahrheiten. Eine Einführung in den Buddhismus. Vier Jahreszeiten Verlag. ISBN 978-3-03300610-2.

Gunaratana, H. (1996). Die Praxis der Achtsamkeit. Eine Einführung in die Vipassana-Meditation. Heidelberg: Kristkeitz. ISBN 3-921508-77-0.

Kabat-Zinn, J. (2011). Gesund durch Meditation. Full Catastrophe Living. Das vollständige Grundlagenwerk. München: Otto Wilhelm Barth, München. ISBN 978-3-426-29193-1.

Huppertz, M. (2003). Die Bedeutung des Zen-Buddhismus für die dialektisch-behaviorale Therapie. Psychother. Psych. Med. 53: 376–383.

Janssen M., Heerkens Y., Kuijer W., van der Heijden B., Engels J. (2018). Effects of Mindfulness-Based Stress Reduction on employees' mental health: A systematic review. https://journals.plos.org/plosone/article?id=10.1371/journal.pone.0191332.

Schruhl S. (2000). Buddhismus. Die vier edlen Wahrheiten, der achtfache Pfad und das Nirvana. München: GRIN Verlag.

Thích Nhất Hạnh (2001). Worte der Achtsamkeit. Freiburg: Herder. ISBN 3-451-27040-4

Thích Nhất Hạnh (2002). Das Wunder der Achtsamkeit. Stuttgart: Theseus. ISBN 3-89620-173-5.

Weil A. (2006). Morgenröte und heller Tag. Die vier befreienden Wahrheiten des Buddha. Verlag Beyerlein & Steinschulte. ISBN 978-3-931095-61-1.

Resilienz

Resilienz stammt von dem lateinischen Wort *resilire* ab, was übersetzt abprallen bzw. nicht anhaften bedeutet. In den letzten Jahrzehnten hat die Forschung über dieses Thema deutlich zugenommen und die Bedeutung in der Psychotherapie ist immer größer geworden. Im psychotherapeutischen Sinne ist mit Resilienz die innere Stärke zu verstehen, die Menschen in unterschiedlichem Ausmaß haben, um mit Belastungen (inneren und äußeren), Veränderungen, Problemen und Schicksalsschlägen umzugehen. Wie bereits erwähnt, ist Resilienz etwas sehr Individuelles. Jeder Mensch wird bereits mit einer bestimmten Menge an Resilienz geboren, je nach genetischer Ausstattung und je nach intrauterinem Entwicklungsverlauf. Ist es bereits während der Schwangerschaft zu einem hohen Stresslevel der Mutter gekommen, so ist das Ungeborene auch einem höheren Stresslevel, in Form von Stresshormonen, ausgesetzt. Diese erhöhte Konzentration an Stressbotenstoffen beeinflusst bereits das Gehirn des Ungeborenen und kann damit Einfluss auf die individuelle Resilienz haben. Im weiteren Leben wird die betroffene Person dann immer wieder Erfahrungen machen, die Einfluss auf die Resilienz haben. Neue Erfahrungen können bereits vorhandene Schemata, Copingmechanismen und Bewältigungsstrategien entweder bestätigen oder widerlegen, und es können zum Teil neue Schemata entstehen. Resilienz ist also etwas, was zum einen lebenslang veränderbar ist, zum anderen aber auch von Lebensphase zu Lebensphase schwanken kann.

Da Resilienz etwas ist, was lebenslang aus- und aufgebaut werden kann, stellt sich die sehr wichtige und interessante Frage, welche Faktoren und Bereiche bei der Resilienz eine Rolle spielen.

S. J. Matten und M. J. Pausch, *Depression, Trauma und Ängste*, https://doi.org/10.1007/978-3-658-43966-8_8

8.1   Die 7 Säulen der Resilienz

1. Säule: Akzeptanz

Akzeptanz bedeutet, die eigenen Grenzen zu akzeptieren.

Die erste Säule der Resilienz ist die Akzeptanz, dass anzunehmen, was unveränderlich ist und auf das kein Einfluss besteht.

Akzeptanz verläuft in Schritten:

1. Schritt

    Erkennen und klar unterscheiden, was in der eigenen Macht liegt, also in den eigenen Grenzen und damit beeinflussbar ist.

2. Schritt:

    Der zweite Schritt ergibt sich von selbst, nachdem der erste erfolgt ist, nämlich zu erkennen, was nicht in der eigenen Macht liegt und damit außerhalb der eigenen Grenzen.

3. Schritt:

    Akzeptieren dessen, was nicht in der eigenen Macht liegt.

Indem gelernt wird, die eigenen Grenzen zu akzeptieren, wird auch gelernt, dass nicht Veränderbare anzunehmen. Es gibt unveränderbare Realitäten, die nicht beeinflussbar sind. Werden diese Realitäten angenommen und werden die frustranen Versuche, sie dennoch zu verändern, aufgegeben, wird Energie frei, das zu gestalten, was in der eigenen Macht liegt.

Der Schlüssel zur Akzeptanz liegt darin, zu lernen, mit dem Unveränderlichen umzugehen und es anzuerkennen. Auf diese Weise können Ressourcen besser genutzt werden und es wird mehr Kraft frei für neue Ziele und Erfolge im eigenen Leben.

2. Säule: Optimismus

Das Positive und das Negative sehen können.

Optimismus ist das Gefühl der Hoffnung und des Vertrauens in sich selbst und andere. Er gibt die Kraft, neue Dinge zu versuchen und nach Niederschlägen wieder aufzustehen und es erneut zu versuchen. Optimismus bedeutet, negatives Denken zu minimieren und positive Aspekte hervorheben.

Befinden sich Menschen in einer schwierigen Situation, neigen sie dazu, sich auf die negativen Aspekte zu konzentrieren. Optimismus gibt Motivation, trotz widriger Umstände weiterhin an den eigenen Zielen festzuhalten.

Ziel ist es, bei Schwierigkeiten und Belastungen sowohl Positives als auch Negatives in der Situation zu erkennen und gleichermaßen beide Seiten im Blick zu behalten. Bei dieser Haltung geht es um die Balance zwischen Negativem und Positivem.

Um den positiven Fokus zu erweitern, hilft das Trainieren der Dankbarkeit, z. B. im Rahmen eines Dankbarkeitstagebuchs.

Aus dieser Position heraus sollten dann Lösungswege erarbeitet und umgesetzt werden.

3. Säule: Selbstwirksamkeit

Die eigenen Stärken und Schwächen erkennen.

Selbstwirksamkeit bedeutet, in der Lage zu sein, sich selbst zu erkennen und zu verstehen. Eine gute Selbstwahrnehmung hilft, Ziele und den optimalen Weg dorthin zu erreichen.

Wenn es um Selbstwirksamkeit geht, geht es darum zu erkennen, was die eigenen Stärken sind und wie man sich selbst motivieren kann, um schwierige Situationen zu meistern.

4. Säule: Verantwortung

Kontrolle über das eigene Leben zurückgewinnen.

Mit Verantwortung ist die fundamentale Erkenntnis gemeint, dass man selbst für sein Leben verantwortlich ist und nicht andere. Durch die Akzeptanz der eigenen Verantwortung kann gelernt werden, auf Veränderungen zu reagieren und sinnvolle Entscheidungen treffen zu können.

5. Säule: Netzwerk

Umgeben Sie sich mit Gleichgesinnten.

Im Zentrum der Säule Netzwerk steht das menschliche Bedürfnis nach Bindung. Bindung bezieht sich auf die Beziehung zu sich selbst, zu anderen Menschen, zu Gruppen und zu ganzen Systemen. Empathie ist einer der wichtigsten Faktoren für eine starke Bindung.

Ein soziales Netzwerk besteht nicht nur aus guten Freunden oder Familienmitgliedern, sondern auch aus Kolleg:innen, Bekannten oder Nachbarn. Menschen in diesen Netzwerken müssen nicht unbedingt mit uns befreundet sein. Es reicht, wenn sie bereit sind, uns zu helfen, wenn wir sie brauchen.

6. Säule: Lösungsorientierung

Wie man Krisen gut meistert.

Insbesondere im Umgang mit Problemen und Krisen ist die Lösungsorientierung ein stärkender Faktor. Eine lösungsorientierte Haltung erleichtert den Zugang zu den eigenen Ressourcen auch unter Stress.

Bei der Konfrontation mit Krisen, sollte der Fokus auf die Lösungsmöglichkeiten gerichtet werden. Durch einen positiven Blickwinkel können Emotionen besser unter Kontrolle gehalten werden und Krisen so gut gemeistert werden.

Ein wichtiger Aspekt der Lösungsorientierung ist, dass vor dem Handeln bewusst sein muss, welche Auswirkungen die Entscheidung auf das eigene Leben haben kann. So kann sicherstellen werden, dass die bestmögliche Entscheidung getroffen werden kann.

7. Säule: Zukunftsorientierung

Auf die Zukunft zu konzentrieren.

Zukunft positiv zu gestalten bedeutet, dem Schicksal nicht hilflos ausgeliefert zu sein, sondern die Verantwortung für die eigenen Entscheidungen und Handlungen zu übernehmen.

8.2   Mögliche Wege zur Resilienz

Die American Psychological Association hat 2008 den folgenden 10-Punkteplan veröffentlicht, wie die eigene Resilienz gesteigert werden kann:

1. Habe gute soziale Beziehungen!
2. Mache dir klar, dass Krisen überwindbar sind!
3. Veränderung ist ein Teil des Lebens!
4. Wende Dich deinen Zielen zu!
5. Triff Entscheidungen!
6. Halte Ausschau nach Möglichkeiten, um dich selbst zu erforschen!
7. Pflege einen positiven Blick auf dich selbst!
8. Bewahre den richtigen Blickwinkel!
9. Erhalte dir die Hoffnung!
10. Kümmere dich um dich selbst!

8.3   Fehlerkultur

Moderne Fehlerkultur, insbesondere im Kontext von Führungsebenen international tätiger Unternehmen, Banken und Finanzunternehmen, ist ein Konzept, das auf psychologischen Grundlagen beruht und eine organisatorische Einstellung zur Fehlerbewältigung und -prävention beschreibt. Es geht darum, wie diese Unternehmen mit Fehlern und Versagen umgehen, insbesondere auf den höchsten Ebenen der Unternehmensführung. Hier sind einige psychologische Aspekte der modernen Fehlerkultur:

1. Psychologischer Umgang mit Fehlern:

Moderne Fehlerkultur basiert auf der psychologischen Erkenntnis, dass Menschen, einschließlich Führungskräften, Fehler machen können. Dies ist ein natürlicher Teil des menschlichen Verhaltens. Psychologisch gesehen ist es wichtig zu verstehen, dass Scham und Schuldgefühle, die oft mit Fehlern einhergehen, die Bereitschaft zur Kommunikation und zur Verbesserung beeinträchtigen können.

2. Offenheit und Kommunikation:

Eine moderne Fehlerkultur fördert Offenheit und eine offene Kommunikation über Fehler. Auf Führungsebenen müssen Personen in der Lage sein, ihre Fehler zuzugeben, ohne Angst vor negativen Konsequenzen zu haben. Dies erfordert eine psychologische Sicherheit, die es den Führungskräften ermöglicht, sich nicht zu verstecken oder etwas zu vertuschen.

3. Lernorientierung:

Die moderne Fehlerkultur ist lernorientiert. Das bedeutet, dass Fehler nicht als Versagen, sondern als Gelegenheit zur Verbesserung und zum Wachstum betrachtet werden. Psychologisch gesehen sollte die Führung das Lernen aus Fehlern fördern, anstatt sie zu bestrafen.

4. Verantwortlichkeit und Wiedergutmachung:

Es ist wichtig, psychologische Verantwortlichkeit und Wiedergutmachung zu fördern. Personen auf Führungsebenen sollten sich für ihre Fehler verantwortlich fühlen, und es sollten Mechanismen zur Wiedergutmachung und Korrektur eingerichtet werden. Dies hilft, das Vertrauen in die Führung aufrechtzuerhalten.

5. Risikobereitschaft:

Psychologisch gesehen ermutigt die moderne Fehlerkultur zu einer angemessenen Risikobereitschaft. Führungskräfte sollten sich in einer Umgebung befinden, in der sie innovative Ideen und Strategien ohne übermäßige Angst vor möglichen Fehlern erkunden können.

6. Psychologische Sicherheit:

Die moderne Fehlerkultur ist stark mit dem Konzept der psychologischen Sicherheit verbunden. Das bedeutet, dass Führungskräfte und Mitarbeiter sich sicher fühlen sollten, ihre Meinungen zu äußern und Fehler zu melden, ohne Angst vor negativen Konsequenzen. Dies fördert die offene Kommunikation und das Teilen von Informationen.

7. Führung durch Vorbildfunktion:

Führungskräfte auf internationaler Ebene sollten eine Vorbildfunktion bei der Umsetzung der modernen Fehlerkultur übernehmen. Wenn sie selbst offen über Fehler sprechen, Verantwortung übernehmen und zeigen, dass sie aus Fehlern lernen, werden andere im Unternehmen ermutigt, dem Beispiel zu folgen.

In international tätigen Unternehmen, Banken und Finanzunternehmen kann die moderne Fehlerkultur dazu beitragen, Risiken besser zu managen, Innovationen zu fördern und das Vertrauen der Stakeholder zu stärken. Auf psychologischer Ebene schafft sie eine Umgebung, in der sich Führungskräfte und Mitarbeiter sicher fühlen, Fehler zu melden und aus ihnen zu lernen. Dies trägt zur langfristigen Gesundheit und Erfolg des Unternehmens bei.

Selbstwert

Die vier Säulen des Selbstwerts werden zumeist wie folgt definiert:

- Selbstakzeptanz
- Selbstvertrauen
- Soziale Kompetenz
- Soziales Netz

Der Begriff „Selbstwert" im Zusammenhang mit einem international tätigen Manager auf oberster Führungsebene bezieht sich auf das individuelle Gefühl von Selbstachtung, Selbstakzeptanz und Selbstbewusstsein, das diese Person in Bezug auf seine jeweiligen Fähigkeiten, Qualitäten, Leistungen und seinen eigenen Wert empfindet. Selbstwert ist eine entscheidende psychologische und emotionale Komponente für Führungspersönlichkeiten in der heutigen globalen Geschäftswelt, da sie direkt mit ihrer Fähigkeit zusammenhängt, effektive Entscheidungen zu treffen, Beziehungen zu pflegen, Teammitglieder zu führen und erfolgreich in einem komplexen und dynamischen Umfeld zu agieren.

Eine ausführliche Definition von Selbstwert im Kontext eines international tätigen Top-Managers könnte wie folgt lauten:

Selbstwert bezeichnet das persönliche und intrinsische Vertrauen eines international tätigen Managers auf oberster Führungsebene in seine eigenen Fähigkeiten, Qualitäten und Wertvorstellungen, sowohl in Bezug auf seine berufliche Rolle als auch auf seine persönliche Identität. Dieses Konzept ist eng mit einem positiven Selbstbild verbunden, das auf realistischer Selbstreflexion, Selbstakzeptanz und Selbstliebe basiert. Selbstwert

© Der/die Autor(en), exklusiv lizenziert an Springer Fachmedien Wiesbaden GmbH, ein Teil von Springer Nature 2024
S. J. Matten und M. J. Pausch, *Depression, Trauma und Ängste*,
https://doi.org/10.1007/978-3-658-43966-8_9

ermöglicht es dem Manager, in einem internationalen Kontext souverän und selbstsicher aufzutreten, da er davon überzeugt ist, dass er fähig ist, komplexe Aufgaben zu bewältigen, herausfordernde Situationen zu meistern und adäquate Entscheidungen zu treffen.

Der Selbstwert eines internationalen Top-Managers wird nicht nur von seinen beruflichen Erfolgen beeinflusst, sondern auch von seinem Verständnis seiner eigenen Stärken und Schwächen sowie von seiner Fähigkeit, mit Rückschlägen und Kritik umzugehen. Ein gesundes Selbstwertgefühl kann dazu beitragen, Stress zu bewältigen, die Fähigkeit zur Selbstmotivation zu steigern und effektive zwischenmenschliche Beziehungen sowohl innerhalb des Unternehmens als auch in internationalen Kontexten aufrechtzuerhalten.

Es ist wichtig anzumerken, dass Selbstwert nicht mit Arroganz oder Überheblichkeit verwechselt werden sollte. Ein hoher Selbstwert impliziert nicht, dass der Manager andere herabsetzt oder abwertet. Vielmehr handelt es sich um eine emotionale Stabilität und eine positive Selbstbetrachtung, die es dem Manager ermöglicht, sich in herausfordernden Situationen auf konstruktive Weise zu behaupten und gleichzeitig Empathie und soziale Kompetenz zu bewahren.

Insgesamt ist Selbstwert ein Schlüsselfaktor für den Erfolg eines international tätigen Managers auf oberster Führungsebene, da er die Grundlage für die persönliche und berufliche Entwicklung, die Führungsfähigkeiten und die zwischenmenschlichen Beziehungen bildet, die in der globalen Geschäftswelt von entscheidender Bedeutung sind.

Der Selbstwert im Kontext eines international tätigen Managers auf oberster Führungsebene bezieht sich auf das Maß an Wertschätzung, das dieser Manager sich selbst entgegenbringt. Dieser Begriff ist entscheidend, da er nicht nur Auswirkungen auf das individuelle Wohlbefinden, sondern auch auf die Führungsfähigkeiten und das Arbeitsklima im Unternehmen hat. Er bezieht sich auf die Wahrnehmung des eigenen Wertes, die sich aus verschiedenen Komponenten zusammensetzt, darunter Selbstakzeptanz, Selbstvertrauen, soziale Kompetenz und das soziale Netz eines Managers. Hier sind die weiterführenden Aspekte im Detail:

Selbstakzeptanz: Selbstakzeptanz bezieht sich auf die Fähigkeit des Managers, sich selbst so anzunehmen, wie er ist, inklusive seiner Stärken und Schwächen. Ein Manager mit gesundem Selbstwertgefühl auf dieser Ebene wird in der Lage sein, Fehler und Schwächen zu akzeptieren und als Lernmöglichkeiten zu betrachten, anstatt sich von ihnen entmutigen zu lassen. Diese Selbstakzeptanz ist grundlegend, da sie die Grundlage für ein starkes Selbstwertgefühl bildet.

Selbstvertrauen: Selbstvertrauen ist das Vertrauen in die eigenen Fähigkeiten und Entscheidungen. Ein Manager auf oberster Führungsebene muss in der Lage sein, herausfordernde Entscheidungen zu treffen, Risiken einzugehen und Verantwortung zu übernehmen. Ein gesundes Selbstwertgefühl, das von Selbstvertrauen begleitet wird, ermöglicht es dem Manager, in schwierigen Situationen ruhig und zielgerichtet zu agieren.

Soziale Kompetenz: Soziale Kompetenz bezieht sich auf die Fähigkeit des Managers, effektiv mit anderen Menschen zu interagieren, sei es in einem internationalen Team, mit

Kunden oder Geschäftspartnern. Ein Manager mit einem starken Selbstwertgefühl wird sich in seiner Interaktion mit anderen wohl fühlen, empathisch sein und die Bedürfnisse und Anliegen der Teammitglieder und anderer Stakeholder angemessen berücksichtigen. Dies trägt zu einem positiven Arbeitsklima und einer effektiven Teamarbeit bei.

Soziales Netz: Das soziale Netz eines international tätigen Managers auf oberster Führungsebene bezieht sich auf sein berufliches und persönliches Netzwerk. Ein Manager mit einem starken Selbstwertgefühl hat oft ein gut etabliertes Netzwerk von Kontakten und Beziehungen, die ihm in seiner beruflichen Laufbahn von Nutzen sind. Dieses Netzwerk kann bei der Bewältigung von Herausforderungen und der Identifizierung von Chancen von entscheidender Bedeutung sein.

Zusammengefasst bezieht sich der Selbstwert eines international tätigen Managers auf oberster Führungsebene auf seine Selbstwahrnehmung und die Art und Weise, wie er sich selbst schätzt. Ein gesundes Selbstwertgefühl, das auf Selbstakzeptanz, Selbstvertrauen, sozialer Kompetenz und einem starken sozialen Netz basiert, ist entscheidend, um erfolgreich in einer komplexen und internationalen Geschäftsumgebung zu agieren. Es ermöglicht dem Manager, effektiv zu führen, schwierige Entscheidungen zu treffen und positive Beziehungen zu seinem Team und anderen Beteiligten aufzubauen.

Werte 10

1. Authentizität und ethische Integrität:

Das moderne Werteverständnis im Kontext von Führungsebenen international tätiger Unternehmen, Banken und Finanzunternehmen ist ein vielschichtiger und bedeutender Aspekt der Unternehmenskultur und der psychologischen Dynamik in diesen Organisationen. Wertvorstellungen auf Führungsebenen sind eng mit den Prinzipien der Unternehmensführung, den ethischen Standards und der psychologischen Motivation der Führungskräfte verknüpft. Ein extrem hoher Anspruch an jeden Top Manager, dem es gerecht zu werden gilt, was schnell eine Herauswendung darstellen kann.

Moderne Führungskräfte in international tätigen Unternehmen, Banken und Finanzunternehmen werden zunehmend auf Authentizität und ethische Integrität ausgerichtet. Das bedeutet, dass sie Werte wie Ehrlichkeit, Transparenz und Vertrauenswürdigkeit in den Mittelpunkt ihrer Führungsprinzipien stellen. Dies ist vor allem im Finanzsektor von entscheidender Bedeutung, da Vertrauen und Integrität grundlegende Faktoren für den langfristigen Erfolg sind.

2. Diversität und Inklusion:

Das moderne Werteverständnis betont die Bedeutung von Diversität und Inklusion auf Führungsebenen. Führungskräfte sollten bereit sein, vielfältige Teams zu führen und die Vielfalt der Ansichten und Hintergründe in ihren Entscheidungsprozessen zu berücksichtigen. Psychologisch betrachtet fördert dies eine integrative und kollaborative Kultur, die Innovation und langfristige Leistung fördert.

S. J. Matten und M. J. Pausch, *Depression, Trauma und Ängste*, https://doi.org/10.1007/978-3-658-43966-8_10

3. Nachhaltigkeit und soziale Verantwortung:

Die Führungsebene moderner Unternehmen in der Finanzbranche muss eine starke Ver-
pflichtung zur sozialen Verantwortung und Nachhaltigkeit zeigen. Dies spiegelt das
Werteverständnis wider, das Umweltauswirkungen, ethische Investitionen und soziale
Verantwortung als integralen Bestandteil der Geschäftsstrategie betrachtet.

4. Mitarbeiterengagement und Wohlstand:

Moderne Führungskräfte verstehen, dass Mitarbeiterengagement und -wohlstand entscheidend für den Unternehmenserfolg sind. Psychologisch gesehen bedeutet dies, dass
Führungskräfte in der Lage sein müssen, eine unterstützende und fördernde Umgebung
zu schaffen, in der Mitarbeiter ihr volles Potenzial entfalten können.

5. Anpassungsfähigkeit und Innovation:

In einer globalisierten Welt ist Anpassungsfähigkeit von entscheidender Bedeutung.
Moderne Führungskräfte sollten Werte wie Flexibilität und Innovationsfähigkeit fördern,
um auf sich ändernde Märkte und Technologien reagieren zu können.

6. Leadership by Example:

Führungskräfte müssen als Vorbild dienen und die Werte, die sie propagieren, in ihrem
eigenen Verhalten und in ihren Entscheidungen verkörpern. Dies trägt dazu bei, ein
positives Arbeitsumfeld und eine Kultur des Vertrauens zu schaffen.

7. Verantwortung gegenüber Stakeholdern:

Die Verantwortung gegenüber verschiedenen Interessengruppen wie Aktionären, Kunden,
Mitarbeitern und der Gesellschaft insgesamt ist ein zentraler Aspekt des modernen Werte-
verständnisses. Führungskräfte sollten in der Lage sein, die Bedürfnisse und Erwartungen
dieser Stakeholder auszubalancieren.

   Das moderne Werteverständnis auf Führungsebenen international tätiger Unternehmen,
Banken und Finanzunternehmen ist also geprägt von Authentizität, ethischer Integrität,
Diversität, Nachhaltigkeit, Mitarbeiterengagement, Anpassungsfähigkeit und Verantwortung gegenüber einer breiten Palette von Interessengruppen. Psychologisch betrachtet
beinhaltet dies die Entwicklung von emotionaler Intelligenz, sozialer Kompetenz und Führungsqualitäten, die zur Gestaltung einer gesunden Unternehmenskultur beitragen. Dies
wiederum trägt zum Erfolg und zur Nachhaltigkeit des Unternehmens bei und stärkt das
Vertrauen der Stakeholder in die Führungsebene.

Tatsächlich sind Normen und Werte allerdings nie absolut und es verbleibt jedem selbst, diese für sich individuell zu definieren und entsprechend zu handeln.

Die Entwicklung eines eigenen individuellen Wertesystems als Top-Manager ist ein wichtiger Schritt, um fundierte und ethische Entscheidungen in Ihrer beruflichen Rolle zu treffen. Ein Wertesystem ist ein Leitfaden, der Ihre Überzeugungen, Prinzipien und Prioritäten in verschiedenen Lebensbereichen definiert. Hier sind Schritte, die helfen können, ein individuelles Wertesystem zu entwickeln:

Selbstreflexion: Nehmen Sie sich Zeit, um über Ihre persönlichen Werte und Überzeugungen nachzudenken. Denken Sie über die Prinzipien nach, die Ihnen im Leben wichtig sind. Fragen Sie sich, welche Werte für Sie in Ihrer beruflichen und persönlichen Entwicklung von Bedeutung sind.

Lebensgeschichte analysieren: Reflektieren Sie über Ihre Lebensgeschichte, Erfahrungen und Schlüsselmomente, die Ihre Werte beeinflusst haben könnten. Welche Erfahrungen haben Ihre Überzeugungen geformt?

Ihre Rolle definieren: Überlegen Sie, welche Rolle Sie in Ihrem beruflichen Leben einnehmen und wie Ihre Werte mit dieser Rolle in Einklang stehen. Ein Manager hat oft eine große Verantwortung gegenüber dem Unternehmen, den Mitarbeitern und den Stakeholdern. Wie können Ihre Werte dazu beitragen, diese Verantwortung zu erfüllen?

Prioritäten setzen: Identifizieren Sie die Werte, die für Sie absolute Priorität haben. Dies könnten Werte wie Integrität, Loyalität, soziale Verantwortung, Innovation oder andere sein. Definieren Sie, was diese Werte für Sie bedeuten.

Persönliche und berufliche Werte: Unterscheiden Sie zwischen Ihren persönlichen und beruflichen Werten. Es ist wichtig zu verstehen, wie sich diese Werte in verschiedenen Kontexten manifestieren.

Ethik und Integrität: Betonen Sie ethisches Handeln und Integrität als Kernwerte. Ein Manager mit starken ethischen Prinzipien wird respektiert und vertrauenswürdig sein.

Vorbilder suchen: Identifizieren Sie Menschen, die Sie als ethische und werteorientierte Vorbilder betrachten. Studieren Sie, wie sie ihre Werte in ihrem beruflichen Leben umsetzen.

Kontinuierliche Anpassung: Ihr individuelles Wertesystem sollte nicht statisch sein. Es sollte sich im Laufe der Zeit entwickeln und an veränderte Umstände und Erkenntnisse angepasst werden.

Verantwortlichkeit: Verinnerlichen Sie die Verantwortlichkeit für Ihr Handeln und die Auswirkungen auf Ihr Umfeld. Ihr Wertesystem sollte Sie dazu anhalten, Verantwortung für Ihre Entscheidungen und Taten zu übernehmen.

Kommunikation und Führung: Wenn Sie ein Manager sind, ist es wichtig, Ihre Werte klar zu kommunizieren und sie in Ihrer Führung und Ihren Entscheidungen zu verkörpern. Dadurch inspirieren Sie auch Ihr Team, ähnliche Werte zu entwickeln.

Ein individuelles Wertesystem ist ein lebenslanger Prozess. Es kann Zeit in Anspruch nehmen, um sich zu entwickeln und zu verfeinern. Es sollte jedoch als Grundlage dienen, auf der Sie Ihre beruflichen Entscheidungen und Ihr Verhalten aufbauen. Es wird

Ihnen helfen, moralisch und ethisch fundierte Entscheidungen zu treffen und gleichzeitig Ihre Integrität und Authentizität als Top-Manager zu bewahren. Seien Sie offen für konstruktives Feedback von anderen, um Ihre Selbstkenntnis zu vertiefen und Ihre Führungsqualitäten zu stärken.

Selbstbewusstsein und Sicherheit werden gestärkt, wenn Sie Ihre Werte verstehen, akzeptieren und in Ihr tägliches Leben integrieren. Dies ermöglicht es Ihnen, authentisch und zielgerichtet zu handeln, was in einer Top-Management-Position von entscheidender Bedeutung ist. Die Führungskraft wird in der Lage sein, klare Entscheidungen zu treffen und Vertrauen in sich selbst und von anderen zu gewinnen.

Toxische Männlichkeit

„Toxische Männlichkeit" ist ein Begriff, der in den letzten Jahren verstärkt in den Fokus gerückt ist und sich auf bestimmte schädliche und ungesunde Verhaltensmuster und Vorstellungen von Männlichkeit bezieht. Diese Verhaltensweisen können in vielen Kontexten auftreten, einschließlich in Führungspositionen international tätiger Unternehmen, Banken und Finanzunternehmen. Um diesen Begriff auf psychologischer Basis zu erläutern, schauen wir uns die Merkmale und Auswirkungen toxischer Männlichkeit an:

1. Unterdrückung von Emotionen: In vielen Fällen wird von Führungspersonen in der Finanzwelt erwartet, dass sie Emotionen unterdrücken und sich auf rationale Entscheidungsfindung konzentrieren. Toxische Männlichkeit verstärkt jedoch die Idee, dass das Zeigen von Emotionen ein Zeichen von Schwäche ist. Dies kann dazu führen, dass Führungskräfte ihre eigenen Emotionen unterdrücken, was langfristig zu Stress und psychischen Gesundheitsproblemen führen kann.
2. Dominanz und Aggressivität: Toxische Männlichkeit kann Dominanz und Aggressivität als Tugenden darstellen, die in der Geschäftswelt erforderlich sind. Dies kann zu einem wettbewerbsintensiven und oft unethischen Verhalten führen. Die Fixierung auf Macht und Kontrolle kann die Zusammenarbeit behindern und zu einem ungesunden Wettbewerbsumfeld führen.
3. Ablehnung von Schwäche: Toxische Männlichkeit lehnt Schwäche ab und fördert das Streben nach Unabhängigkeit und Selbstständigkeit um jeden Preis. Dies kann dazu führen, dass Führungskräfte es schwer finden, um Hilfe zu bitten oder Schwächen zuzugeben, selbst wenn dies notwendig ist. Dies kann die Fähigkeit zur Problemlösung und zur Zusammenarbeit erheblich einschränken.

S. J. Matten und M. J. Pausch, *Depression, Trauma und Ängste*, https://doi.org/10.1007/978-3-658-43966-8_11

4. Geschlechtsstereotype: Toxische Männlichkeit stützt sich oft auf stereotype Vorstellungen von Männlichkeit, die Rollenbilder und Erwartungen festigen. In Führungspositionen kann dies dazu führen, dass Frauen und Personen mit anderen Geschlechtern benachteiligt werden, da sie nicht den traditionellen männlichen Erwartungen entsprechen.

5. Widerstand gegen Veränderung: Toxische Männlichkeit kann Widerstand gegen Veränderung und Innovation fördern, da sie an traditionellen Vorstellungen von Männlichkeit und Geschäftsführung festhält. Dies kann Unternehmen in einem sich schnell verändernden globalen Umfeld schaden.

6. Druck zur Leistungsstärke: Toxische Männlichkeit kann einen übermäßigen Druck zur Leistungsstärke erzeugen, bei dem Führungskräfte ständig versuchen, sich zu beweisen und erfolgreich zu sein. Dies kann zu einem ungesunden Streben nach Erfolg und einem Mangel an Work-Life-Balance führen.

Die Auswirkungen toxischer Männlichkeit in Führungspositionen international tätiger Unternehmen können vielfältig sein. Sie können zu einem ungesunden Arbeitsumfeld, niedrigerer Mitarbeiterzufriedenheit und höherer Fluktuation führen. Langfristig kann es auch die Reputation eines Unternehmens schädigen, insbesondere wenn es um die Gleichstellung der Geschlechter und die Förderung von Vielfalt und Inklusion geht. Auch der Begriff toxischer Weiblichkeit ist nicht unbekannt.

Um dieser gesamten Problematik entgegenzuwirken, ist es wichtig, bewusstere Führungskulturen zu fördern, die auf positiven Werten wie Empathie, Zusammenarbeit, Vielfalt und der Anerkennung von Emotionen basieren. Dies erfordert eine Veränderung in den Denkmustern und Vorstellungen von Männlichkeit und Führung in der Unternehmenswelt, um eine gesündere, produktivere und inklusivere Arbeitsumgebung zu schaffen.

Was kann Psychotherapie?

Psychotherapie ist eine professionelle Form der psychologischen Beratung und Behandlung, die darauf abzielt, psychische Gesundheitsprobleme zu verstehen, zu behandeln und zu bewältigen. Für Führungskräfte, Manager und andere in der Öffentlichkeit stehende Personen kann Psychotherapie eine wichtige Rolle spielen, indem sie verschiedene Vorteile bietet:

1. Stressbewältigung:

Führungskräfte und Manager sind oft erheblichem Stress und Druck ausgesetzt. Psychotherapie kann Techniken zur Stressbewältigung vermitteln und helfen, die psychische Belastbarkeit zu stärken.

2. Emotionale Intelligenz:

Psychotherapie fördert die emotionale Intelligenz, indem sie Führungskräften hilft, ihre eigenen Emotionen besser zu verstehen und effektiver mit den Emotionen ihrer Mitarbeiter und Kollegen umzugehen.

3. Entscheidungsfindung:

Psychotherapie kann helfen, bessere Entscheidungen zu treffen, indem sie die Fähigkeit zur objektiven Analyse von Situationen und zur Berücksichtigung von psychologischen Faktoren, die Entscheidungen beeinflussen, verbessert.

S. J. Matten und M. J. Pausch, *Depression, Trauma und Ängste*, https://doi.org/10.1007/978-3-658-43966-8_12

4. Kommunikation und Beziehung:

Eine effektive Kommunikation und das Management von Beziehungen sind entscheidend für Führungskräfte. Psychotherapie kann die Kommunikationsfähigkeiten und die zwischenmenschlichen Beziehungen stärken.

5. Konfliktlösung:

Führungskräfte stehen oft vor Konflikten und Spannungen in Teams oder Organisationen. Psychotherapie kann Konfliktlösungsfähigkeiten entwickeln und helfen, konstruktive Lösungen zu finden.

6. Selbstbewusstsein und Selbstakzeptanz:

Die Arbeit mit einem Therapeuten kann das Selbstbewusstsein fördern und dazu beitragen, Selbstzweifel und Unsicherheiten zu überwinden.

7. Prävention von Stress-Spektrum-Störungen:

Psychotherapie kann dazu beitragen, Stress-Spektrum-Störungen zu verhindern, indem sie die Identifizierung von Stressfaktoren und die Entwicklung von Bewältigungsstrategien unterstützt.

8. Persönliche Entwicklung:

Psychotherapie kann die persönliche Entwicklung und das Wachstum fördern, sowohl auf beruflicher als auch auf persönlicher Ebene. Dies kann dazu beitragen, das volle Potenzial auszuschöpfen.

9. Stressreduktion und psychische Gesundheit:

In der Öffentlichkeit stehende Personen, die starkem Druck ausgesetzt sind, können von Psychotherapie profitieren, um ihre psychische Gesundheit zu wahren und psychische Störungen zu behandeln.

10. Berufliche Herausforderungen:

Psychotherapie kann dazu beitragen, berufliche Herausforderungen wie berufliche Veränderungen, Aufstiege und Krisen zu bewältigen.

Es ist wichtig zu beachten, dass Psychotherapie nicht nur dazu dient, Probleme zu beheben, sondern auch präventiv eingesetzt werden kann, um die persönliche Entwicklung und das Wohlbefinden zu fördern. Manager und Führungskräfte, die psychotherapeutische Unterstützung suchen, können von einer besseren Führungsfähigkeit, verbesserten zwischenmenschlichen Beziehungen und einer insgesamt besseren Lebensqualität profitieren.

Trauma 13

13.1 Was ist ein Trauma

Was genau ein Trauma, bzw. eine traumatische oder traumatisierende Erfahrung ist, ist gar nicht so einfach zu beschreiben. Sind die Erlebnisse, welche die Menschen vor 100, 1000 oder 10.000 Jahren als Traumata bezeichnet hätten, jene, die auch wir heute so bezeichnen würden? Haben wir uns im Umgang und in der Verarbeitung von bestimmten traumatischen Situationen über die Jahre hin verändert?

Führt das Erleben eines Traumas immer, bzw. regelhaft zu Beschwerden und Symptomen danach?

Und gibt es Erlebnisse, welche so traumatisch sind, dass sie bei jeder Person, die sie erfahren, zu einer Traumafolgesymptomatik, was immer man jetzt darunter dann auch genau versteht, kommt?

Heute ist es eher allgemeiner Konsens, dass Trauma zwar eher ein kulturbezogener Begriff ist, der Mensch an sich in seiner biopsychologischen Funktionsweise sich in diesem Kontext aber eher nicht viel verändert hat.

Häufig werden im Bezug zu dem Begriff Trauma Merkmale genannt wie:

- Es tritt plötzlich und unerwartet auf.
- Es löst in der betroffenen Person Entsetzen (emotionale, körperliche und kognitive Reaktionen) aus.
- In der Situation wird ein subjektiver Kontrollverlust erlebt.
- Danach wird von den Betroffenen das bisherige Wertesystem infrage gestellt.

Ein Trauma stellt damit eine maximale Form von Stress dar, der sehr singulär, aber auch über Jahre und Jahrzehnte hinweg bestehen kann.

S. J. Matten und M. J. Pausch, *Depression, Trauma und Ängste*, https://doi.org/10.1007/978-3-658-43966-8_13

Die Weltgesundheitsorganisation (WHO) hat, in dem für Deutschland und Europa gültigen medizinischen Klassifikationssystem „internationale statistische Klassifikation der Krankheiten und verwandter Gesundheitsprobleme" (ICD für englisch: International Statistical Classification of Diseases and Related Health Problems) im Jahre 1994, in der damals 10. Version (deshalb ICD-10), folgende Beschreibung (sogenanntes A-Kriterium) gewählt:

Ein Trauma ist ein „Ereignis von kürzerer oder längerer Dauer von außergewöhnlicher Bedrohung oder katastrophalem Ausmaß, die bei fast jedem eine tiefgreifende Verzweiflung hervorrufen würde" (Dilling et al. 2011).

In der neuesten Version des ICD, dem ICD-11, welches 2022 in Kraft trat, hat sich die Beschreibung wie folgt verändert:

Ein Trauma ist ein „belastendes Ereignis mit außergewöhnlicher Bedrohung oder katastrophenartigem Ausmaß" (WHO, ICD-11).

Durch diese neue Formulierung zeigt sich eine Veränderung der Beurteilung des Begriffes Trauma von einer eher objektiven, hin zu einer eher subjektiven Perspektive.

Ein Trauma bringt sowohl objektive als auch subjektive Bedingungen mit sich. Objektive Bedingungen vor allem, wenn das Ereignis auch für andere als extreme Belastung erlebt worden wäre. Objektive Bedingungen haben weniger Einfluss auf die Ausbildung von Symptomen einer Posttraumatischen Belastungsstörung (PTBS). Subjektive Bedingungen sind z. B. Angst, Hilflosigkeit, Ohnmacht oder ein geringes Kohärenzgefühl. Diese Bedingungen haben großen Einfluss auf die Ausbildung einer Posttraumatischen Belastungsstörung (Fujita et al. 2008).

Im Laufe der letzten Jahrzente wurden mehrere Einteilungen für Traumata vorgeschlagen. Eine der bis heute wichtigsten Einteilungen ist jene von Frau Lenore C. Terr, einer US-amerikanischen Psychiaterin.

Sie teilte Traumata in zwei Typen ein (Terr 1989, 1991).

- Typ I Traumata:
  - häufig ein singuläres Ereignis,
  - meist sehr kurze Dauer,
  - tritt häufig unerwartet und plötzlich auf,
  - die betroffenen Personen erleben häufig eine subjektive Lebensgefahr.
- Typ II Traumata:
  - häufig mehrere Ereignisse,
  - meist lange Dauer, häufig über Jahre und Jahrzehnte,
  - in vielen Fällen für Opfer vorhersehbar,
  - finden meist in einem Beziehungsgefüge statt.

Mittlerweile wurden auch noch weitere Typen von unterschiedlichen Autoren hinzugefügt. So hat Dr. Donald Edmondson, ein Professor an der Columbia University, 2014 den Typ Enduring Somatic Threat (EST, „anhaltende körperliche Bedrohung") beschrieben (Edmondson 2014). Hierunter wird eine PTBS verstanden, welche bei Betroffenen von medizinischen Erkrankungen (Behandlung auf einer Intensivstation aufgrund einer lebensbedrohlichen Erkrankung, Transplantationen, Fehlgeburten) auftritt. Das besondere hierbei ist, dass die Gefahr, nicht von außen, sondern aus dem eigenen Körper heraus entsteht.

Jan Gysi, ein schweizer Psychiater, hat 2021 den Typ III für organisierte und langdauernde Traumata beschrieben. Hierunter fällt organisierte sexuelle Ausbeutung, wie z. B. Online-Kindesmissbrauch, Loverboy-Missbrauch, Zwangsprostitution, Missbrauch durch spezialisierte Täterschaft und rituelle, bzw. ritualisierte Gewalt (Gysi 2022).

Schematische Einteilung traumatischer Ereignisse (Weiterentwickelt nach Maercker 1998)

	Typ-I-Traumata (einmalig/ kurzfristig)	Typ-II-Traumata (mehrfach/langfristig)	Medizinisch bedingte Traumata
Akzidentelle Traumata	Schwere Verkehrsunfälle	Technische Katastrophen (z. B. Giftgaskatastrophen)	Akute lebensgefährliche Erkrankungen (z. B. kardiale Notfälle)
	Kurzandauernde Naturkatastrophen (z. B. Wirbelsturm)	Langandauernde Naturkatastrophen (z. B. Überschwemmungen)	Chronische lebensbedrohliche/ schwerste Krankheiten
	Berufsbedingte Traumata (z. B. Polizei, Feuerwehr, Rettungskräfte)		
Interpersonelle Traumata (man made)	Sexuelle Übergriffe (z. B. Vergewaltigung)	Sexuelle/körperliche Gewalt	Komplizierter Behandlungsverlauf nach angenommenem Behandlungsfehler
	Kriminelle/ körperliche Gewalt	Kriegserleben	
		Geiselhaft; Folter, polit. Inhaftierung	

Wichtig ist noch klar zu sagen, dass das Erleben eines Traumas nicht bedeutet, dass man eine Traumafolgestörung hat. Viele Menschen zeigen nach einem traumatischen Ereignis nie Symptome einer Traumafolgestörung, schlicht weil sie das Trauma verarbeiten konnten.

Jedoch selbst wenn sich nach einem erlebten Trauma eine Traumafolgestörung zeigt, heißt das noch nicht, dass man eine spezifische Traumatherapie benötigt.

In der Fachliteratur wird davon ausgegangen, dass ca. 1/3 bis ¼ aller in Deutschland lebenden Menschen mindestens einmal in ihrem Leben eine Erfahrung machen, welche man als Trauma klassifizieren könnte. Dabei zeigt sich, dass Frauen deutlich häufiger Opfer von Gewalt oder sexualisierter Gewalt werden. (Maercker 1998).

Zum Glück entwickelt nicht jeder betroffene Mensch eine PTBS. Die höchste Rate an Posttraumatischen Belastungsstörungen zeigt sich bei Betroffenen von sexuellen Gewaltverbrechen (je nach Untersuchung zeigten 50-80 % der Opfer einer Vergewaltigung im weiteren Verlauf eine PTBS) und von Krieg, Flucht und Folter (auch hier liegt die Anzahl jener, welche eine PTBS entwickeln, je nach Studie, bei 50–70 %) (Kessler 1995; Perkonigg et al. 2000; Siol et al. 2001; Yule 2001).

Menschen erleben häufig während oder kurz nach dem traumatischen Ereignis sogenannte dissoziative Symptome. Was genau eine Dissoziation ist, ist gar nicht so einfach zu sagen, auch weil die neurobiologischen Grundlagen noch nicht vollständig geklärt sind. Zudem treten Dissoziationen nicht nur im Kontext von traumatischen Erlebnissen auf, sondern sind viel mehr ein Phänomen, welches sich auf einem Kontinuum von leichtem Tagtraum, bis hin zu völliger Unerreichbarkeit für äußere Reize erstrecken kann.

Der Begriff Dissoziation kommt aus dem Lateinischen und bedeutet übersetzt, trennen oder schneiden. Damit könnte man grob sagen, dass sich bei einer Dissoziation die Wahrnehmung, das Denken, das Handeln und/oder das Fühlen voneinander trennen.

Dissoziationen können auf körperlicher (somatoforme Dissoziation), auf seelischer (psychoforme Dissoziation) oder auf beiden Ebenen auftreten.

Dissoziationen können sich z. B. in folgenden Formen zeigen:

- Derealisation (Die Welt um einen herum erscheint einem als nicht real, als verändert.)
- Depersonalisation (Teile des eigenen Körpers imponieren einem als fremd oder verändert.)
- Deaffektualisation (Man kann keine Gefühle in oder zu einer bestimmten Situation wahrnehmen.)
- Dissoziativer Stupor (Die betroffene Person erstarrt, kann sich nicht bewegen, nicht reden und kann zum Teil auch die Umwelt nicht mehr wahrnehmen und mit ihr interagieren.)
- Dissoziative Amnesie (Es treten Gedächtnislücken für bestimmte Zeiten auf.)

Eine Dissoziation mag für die betroffene Person oder das Umfeld erstmal sehr dramatisch wirken, sie ist aber vollkommen harmlos. In einer Dissoziation kann nichts Schlimmes passieren.

Das Einzige, was in einer Dissoziation passieren kann, ist, dass man keine neuen Erinnerungen bilden kann, sprich es kann nichts neues gelernt werden. Das ist zwar unangenehm und auch hinderlich, wenn es um Veränderung geht, aber nicht bedrohlich.

Eine peritraumatische Dissoziation kann man sich als eine menschliche Sicherheitsabschaltung vorstellen. Tritt eine Bedrohung auf, bei der weder Flucht noch Kampf möglich ist, so stellt sie einen Überlebensmodus dar. In der Dissoziation werden körperliche Schmerzen kaum oder nicht wahrgenommen, Gefühle werden ferngehalten oder es erfolgt eine völlige Abkopplung von der äußeren Welt. So kann das Individuum die bedrohliche Situation überleben.

In vielen Untersuchungen zeigte sich, dass das Auftreten einer peritraumatischen Dissoziation ein Risikofaktor für die spätere Entwicklung einer PTBS darstellt. Je länger und je ausgeprägter eine peritraumatische Dissoziation vorhanden war, desto höher war die Wahrscheinlichkeit eine PTBS zu entwickeln (Marmar 1998).

1988 wurde von Bennet Braun das sogenannte BASK-Modell beschrieben (Braun 1988). Hierbei handelt es sich um ein Modell, um Dissoziationen deskriptiv zu erfassen und einzuordnen. Es führt vier Bereiche menschlichen Erlebens auf, in denen eine Abspaltung, also Dissoziation stattfinden kann. Nach Ansicht von Bennet Braun erleben Menschen Ereignisse, wenn sie sich nicht in dissoziativen Zuständen befinden, fast gleichzeitig in allen vier Dimensionen.

- B – Behavior/Verhalten: Was ist alles passiert?
- A – Affect/Gefühl: Welche Gefühle sind aufgetreten?
- S – Sensation/Empfindungen: Welche Körperempfindungen gab es?
- K – Knowledge/Wissen: Welche Gedanken und Bewertungen gab es?

Dieses Modell eignet sich hervorragend, um dissoziative Symptome besser zu verstehen, zu analysieren und einzuordnen, sodass im nächsten Schritt dann konkrete Interventionen entwickelt werden können, um die Beschwerden zu reduzieren.

13.2   Störungen, besonders assoziiert mit Stress (ICD-11)

Im Januar 2022 ist das neue ICD-11 in Kraft getreten. Beim ICD handelt es sich um eine Klassifikation von Krankheiten und verwandten Gesundheitsproblemen (ICD: International Statistical Classification of Diseases and Related Health Problems). Es wird von der Weltgesundheitsorganisation (engl. World Health Organization), kurz WHO genannt herausgebracht und immer wieder neu überarbeitet. Aktuell gilt die 11. Version, deshalb ICD-11. Alle Mitglieder der WHO haben die aktuelle Version des ICD zu verwenden, so auch Deutschland.

In dieser 11. Version wurde dem Stress und seinen Auswirkungen dadurch Rechnung getragen, dass einige Störungen unter der Bezeichnung „Störungen, besonders assoziiert mit Stress" zusammengefasst wurden.

Diese Reaktionen auf Stress sind:

- Akute Belastungsreaktion (QE84)
- Anpassungsstörung (6B43)
- Anhaltende Trauerstörung (6B42)
- Posttraumatische Belastungsstörung (6B40)
- Komplexe Posttraumatische Belastungsstörung (6B41)

Akute Belastungsreaktion (QE84)

Die akute Belastungsreaktion ist eine mehr oder minder normale, also physiologische Reaktion auf Stress. Dies zeigt sich auch schon im Namen, es heißt Belastungs-REAKTION, und nicht Belastungs-STÖRUNG. Hierunter fallen also all jene Reaktionen, die nach einer starken Stressbelastung, sei sie nun kurz oder lang gewesen, auftreten können. Die Symptome setzen meist innerhalb von sehr kurzer Zeit, meist nur wenigen Tage nach dem Stress, ein. Ganz typischen zeigen sich als vegetative Symptome, wie wiederkehrendes Herzrasen, Schwitzen, innere Unruhe. Es kann zu starken Ängsten oder Panikattacken kommen, zu ausgeprägter Traurigkeit, aber auch zu Wut, Impulsivität oder einem Gefühl der Gefühllosigkeit. Nicht selten treten auch sich schnell abwechselnde emotionale Zustände auf. Betroffene schildern auch häufig, dass es zu Desorientierung oder Erinnerungslücken kommt.

Wie schon erwähnt handelt es sich bei diesen Reaktionen um normale Folgen der hohen Stressbelastung. In den meisten Fällen verschwinden die Beschwerden von selbst innerhalb von kurzer Zeit. Dennoch besteht natürlich die Möglichkeit, sich bei Bedarf fachliche Unterstützung zu holen. Meist kann den Betroffenen hierbei durch einige wenige Sitzungen sehr effektiv geholfen werden.

Wann sollte ich mir Hilfe holen?

• Wenn Sie sich mit den Reaktionen und Symptomen allein gelassen fühlen.
• Wenn Sie sich die Beschwerden, unter denen Sie leiden, nicht ausreichend erklären können und Sie diesbezüglich Informationen benötigen.
• Wenn Sie merken, dass die Beschwerden sehr lange andauern, an Intensität zunehmen und Ihren Alltag einschränken.

ICD-11: Akute Belastungsreaktion (QE84) (nach WHO ICD-11)
„Akute Stressreaktion"
Folge eines kurz- oder langandauernden extremen Stressors (z. B. Naturkatastrophen, Gewalt), beginnt innerhalb weniger Tage nach dem Ereignis
Emotionale, kognitive, somatische sowie Verhaltenssymptome sind normale Reaktionen in Anbetracht der Schwere der Ereignisse
Typische Symptome: vegetative Zeichen von Angst (Tachykardie, Schwitzen), Bewusstseinsstörung, Traurigkeit, Angst, Verzweiflung, Über- oder Inaktivität, sozialer Rückzug oder Stupor

Anpassungsstörung (6B43)

Eine Anpassungsstörung beschreibt eine psychische Reaktion auf ein nicht traumatisches, aber sehr belastendes Ereignis. Wobei auch hier das Ereignis ein kurzes einmalig auftretendes sein kann, oder aber auch ein dauerhaftes oder immer wiederkehrendes. Das Zentrale an der

Anpassungsstörung ist, dass die Anpassung an den Stress selbst, oder an die Ursachen bzw. die Folgen des Stresses, nicht gelingt.

Belastende Ereignisse, welche mit hohem Stress einhergehen, können grundsätzlich in vier Kategorien eingeteilt werden.

- Akuter Belastung/Stress
- Chronische(r) Belastungen/Stress
- Wiederkehrende(r) Belastungen/Stress
- Langanhaltende(r) Belastungen/Stress

Der Psychiater Gerald Caplan hat bereits in den 1960er Jahren ein Krisenmodell vorgeschlagen, in dem eine fehlgeschlagene Anpassung erklärt werden kann (Caplan 1964). Hierbei wird davon ausgegangen, dass sich die betroffene Person vor der Krise, also der Stressbelastung, in einem inneren Gleichgewicht befunden hat. Durch die Stressbelastung kommt es zu einer, in drei, bzw. vier Phasen ablaufenden Verarbeitung.

Phase 1:
Die Krise, bzw. der Stressor oder Stress, bringt den Betroffenen vom inneren Gleichgewicht in ein Ungleichgewicht. Dieses Ungleichgewicht erlebt die Person als sehr unangenehm, weshalb die bisherigen Bewältigungs-/Copingstrategien eingesetzt werden, um das alte Gleichgewicht wieder herzustellen. Diese Versuche bleiben jedoch erfolglos, weil die alten Bewältigungsstrategien nicht zur aktuellen Belastung passen.

Phase 2:
Die betroffene Person realisiert, dass die bisher versuchten, alten Lösungsstrategien nicht zum gewünschten Erfolg führen und das Ungleichgewicht weiterhin belastend ist.

Phase 3:
Die betroffene Person hat nun zwei Möglichkeiten:

1. Wachstum:
Es kommt zur Aktivierung von noch nicht mobilisierten Ressourcen, Stärken, Fähigkeiten, oder es werden Neue hinzugewonnen. Die Person wächst also und entwickelt sich weiter. Es kommt zu einem Ausbau und einer Ausweitung der bisherigen Kräfte und Bewältigungsmechanismen. Gelingt dies, gelingt auch die Anpassung und es kommt zu einem Verschwinden der Symptome.

2. Resignation:
Die andere Möglichkeit ist die, dass die betroffene Person die eigenen Erwartungen und Ziele aufgibt und vor der Belastung und dem Stress kapituliert. In diesem Fall kommt es dann zu Phase 4.

Phase 4:

In dieser Phase wurde kein erfolgreicher Ausweg aus der Belastung und dem Stress gefunden. Die betroffene Person ist hilflos. Die Beschwerden und Symptome werden stärker und es kommt zu einer Chronifizierung.

Es kann sowohl vor erfolgreicher Anpassung als auch während und nach der Resignation zu Symptomen der Anpassungsstörung kommen. Hier zeigen sich vor allem zwei Hauptsymptome, nämlich das dauerhafte gedankliche Verhaftetsein mit der belastenden, stressauslösenden Situation (= Präokkupation) und die Unfähigkeit, sich dauerhaft auf die neue Situation einzustellen (= Maladaption).

ICD-11: Anpassungsstörung (6B43) (nach WHO ICD-11)

Dysfunktionale Reaktion auf einen identifizierbaren psychosozialen Stressor

Symptome:
1. Präokupation (= gedankliches verhaftet sein in der Belastung
2. Maladaption (= Unfähigkeit, sich auf die neue Situation einzustellen)

Symptome beginnen innerhalb eines Monats und dauern nicht länger als 6 Monate (Ausnahme: Stressor dauert an)

Anhaltende Trauerstörung (6B42)

Trauer stellt wohl einen Zustand dar, der zutiefst menschlich ist und zum Menschsein gehört wie Essen, Trinken und Schlafen. Ein Leben, welches nicht auch mal mit Herausforderungen, Rück- und Schicksalsschlägen konfrontiert ist, kann man sich eigentlich nicht vorstellen.

Trauer stellt erstmal eine normale und physiologische Reaktion auf einen Verlust dar. Hierbei kann es sich um den Verlust einer nahestehenden Person, von Zukunftsperspektiven, von wichtigen Beziehungen, oder aber auch von körperlicher Unversehrtheit (z. B. schwere chronische Erkrankungen) handeln.

Dieser Verlust stellt einen starken Stressor dar, sodass es im Körper erstmal zu einer starken Stressreaktion kommt. Unsere eingebaute Alarmanlage, der Mandelkern wird aktiv. Unser limbisches System reagiert, ebenso unser vegetatives Nervensystem, wobei es zu einer Dominanz des Teils kommt, der für Stress zuständig ist (Sympathikus). Es werden Stresshormone, vor allem Cortisol, ausgeschüttet. Diese Stressreaktion kann so weit gehen, dass sich Betroffene erstmal wie gelähmt und total taub fühlen.

Als Gegenreaktion zu dieser Stressreaktion kommt es dann zur Trauerreaktion. Die Trauer reduziert den Stress. Es kommt zu einer sukzessiven Aktivitätssteigerung in der Großhirnrinde, vor allem im Stirnlappen (orbitofrontaler Cortex), was dazu führt, dass Gefühlswahrnehmung intensiviert wird und wir besser bewusst wahrnehmen und nachdenken können. Zudem werden die Hirnareale, welche für den Stress sorgen, beruhigt (vor allem der Mandelkern), und im vegetativen Nervensystem übernimmt der Teil die Dominanz, der für Entspannung zuständig ist (Parasympatikus).

Durch Erinnerungen an den Verlust kann es immer wieder zu einer, zum Teil sehr heftigen Aktivierung des Stresses kommen. Im Normalfall stellt sich in der Trauerbearbeitung eine Pendelbewegung zwischen Stress und Trauer, also zwischen An- und Entspannung ein, bis es zu einer Integration des Verlustes gekommen ist.

Der Prozess des Trauerns verläuft in unterschiedlichen Phasen. Und es wurden von unterschiedlichen Autorinnen und Autoren unterschiedliche Phasen vorgeschlagen.

Die zwei bekanntesten sollen hier kurz erwähnt werden.

Elisabeth Kübler-Ross, eine schweizer Ärztin, welche durch ihre Arbeit über das Sterben sehr bekannt wurde, hat den Prozess des Sterbens in unterschiedliche Phasen eingeteilt. Diese Phasen können analog auch für den Trauerprozess angewendet werden (Kübler-Ross 1970).

- Phase 1: Nicht-Wahrhaben-Wollen (engl. Denial)
- Phase 2: Wut/Ärger (engl. Anger)
- Phase 3: Verhandeln (engl. Bargaining)
- Phase 4: Trauer/Depression (engl. Grief/Depression)

Die Phasen werden nicht immer in chronologischer Folge durchlebt. Es können Phasen übersprungen, ausgelassen oder auch wiederholt werden.

Eine weitere Schweizerin, nämlich Verena Kast, welche an der Universität Zürich eine Professur für Psychologie innehatte, hat auch ein 4-Phasen-Modell vorgeschlagen, welches sich sehr stark an dem Modell von Frau Kübler-Ross orientiert (Kast 2013).

Phase 1: Nicht-Wahrhaben-Wollen.
Der Verlust wird geleugnet. Die Betroffenen fühlen sich taub, leer und gefühllos. Es überwiegt die akute Stressreaktion, welche häufig mit Erstarrung einhergeht.

Phase 2: Aufbrechende Emotionen.
Es tritt ein emotionales Chaos auf. Es werden unterschiedliche, zum teil gegensätzlich Gefühle auf. Der Wechsel kann sehr schnell um abrupt sein. Es kommt auch zu Wut auf die verlorene Person oder es werden Schuldige für den Verlust gesucht. Auch Schuldgefühle können hier auftreten.

Phase 3: Suchen/Finden/Sich Trennen.
Die verlorene Person wird immer wieder gesucht, z. B. indem Bilder angesehen werden, Orte aufgesucht werden, an denen man gemeinsam war. Hierbei wird die trauernde Person immer wieder mit dem Verlust konfrontiert und mit den Konsequenzen, die der Verlust für das eigene Leben hat.

In dieser Phase verändert sich im Idealfall die Beziehung zu dem Verstorbenen, bzw. zu dem Verlust. Der Verstorbene kann zu einem inneren Begleiter werden.

Phase 4: Neuer Selbst- und Weltbezug.
In dieser Phase wird der Verlust größtenteils akzeptiert. Es findet ein ressourcenvoller Blick auf die Zeit vor dem Verlust statt. Es ändert sich die Beziehung des Trauernden zu sich selbst

und zur Welt. Es werden neue Entwicklungsmöglichkeiten und Entwicklungspotenziale gesehen.

In Phase 3 und 4 findet ein Hin- und Herpendeln zwischen dem Verlust, der Vergangenheit, dem Schmerzvollen, und der Zukunft, den neuen Optionen, der neuen Hoffnungen und Wünschen statt. Diese Pendelbewegung stellt wohl einen physiologischen Bewältigungsprozess dar.

Verena Kast hat, aufbauend auf der Idee dieses dualen Prozesses, zusammen mit Klaus Onnasch, einem Pastor und Trauerbegleiter, das Spielraum-Modell entwickelt. Basis dieses Trauer- bzw. Verlustverständnisses ist eben diese Pendelbewegung zwischen zwei Polen.

Es findet ein Pendel statt zwischen

Arbeit und Erholung.
Phasen der intensiven Auseinandersetzung mit dem Verlust wechseln sich ab mit Phasen Ruhe und Entspannung.

Vergangenheit und Zukunft.

Es kommt zu einem Wechsel von Zeiten, in denen sich sehr intensiv mit dem Verlust und dem was war auseinandergesetzt wird, und Zeiten, in denen der Fokus auf der Zukunft liegt, auf das was Neues entstehen soll, bzw. kann.

Beziehung zu sich selbst und Beziehung zu dem Verstorbenen

In der Verarbeitung des Verlustes gibt es Phasen, in denen die betroffene Person sich vor allem um sich kümmern, ihre Gefühle in den Fokus nehmen und über sich und ihre Zukunft nachdenken. Diese Phasen wechseln sich ab mit jenen, in denen die Beziehung zu der verlorenen Person oder zu dem, was verloren wurde im Mittelpunkt steht.

Abgesehen von allen Einteilungen und allen Modellen ist es sehr wichtig, sich immer wieder klarzumachen, dass die Verarbeitung eines Verlustes, dass Trauerarbeit etwas sehr Individuelles ist. Es gibt keinen Masterplan, wie etwas so Herausforderndes gut und sicher glückt. Jede betroffene Person sollte wissen, dass es keinen passenden Zeitplan dafür gibt, wann Trauer stattfinden sollte. Ebenso wenig gibt es einen Plan dafür, wann welches Gefühl, welche Gedanken im Vordergrund stehen sollten. Trauer und Verlustverarbeitung sind harte Arbeit und jeder muss dabei seinen eigenen Weg gehen.

Seit 2022, mit dem Inkrafttreten des ICD-11, gibt es die Diagnose „anhaltende Trauerstörung". Verstanden werden soll sie als eine chronische Trauerreaktion nach dem Verlust einer nahestehenden Person, wie z. B. Partner*in, Kinder. Gestellt werden kann sie, wenn die Trauerreaktion länger als 6 Monate nach dem Tod der Bezugsperson anhält.

Bei den Symptomen treten jene wieder auf, welche wir schon weiter oben bei der Trauerreaktion kennengelernt haben, Traurigkeit, Angst, Schuld, Wut, Verleugnung, Schwierigkeiten den Tod zu akzeptieren, emotionale Taubheit, eingeengte soziale Aktivitäten, usw.

Es zeigt sich ein sehr starkes Verlangen nach der verstorbenen Person, verbunden mit einer persistierenden Beschäftigung mit dieser Person. Begleitet wird dies von einem starken emotionalen Schmerz.

ICD-11: Anhaltende Trauerstörung (6B42) (nach WHO ICD-11)
Chronische Trauerreaktion länger als 6 Monate nach dem Tod einer nahestehenden Bezugsperson
Anhaltende Beschäftigung mit dem Verstorbenen, begleitet von intensivem emotionalem Schmerz (z. B. Traurigkeit, Schuldgefühle, Wut, Verleugnung, Schuldzuweisung, Schwierigkeiten, den Tod zu akzeptieren, das Gefühl, einen Teil von sich selbst verloren zu haben, die Unfähigkeit, eine positive Stimmung zu erleben, emotionale Gefühllosigkeit, Schwierigkeiten, sich an sozialen oder anderen Aktivitäten zu beteiligen)
Trauerphase übersteigt eindeutig die erwarteten sozialen, kulturellen oder religiösen Normen für die Kultur und den Kontext der Person

13.3   PTBS/kPTBS

Beschreibungen von Folgen einer Traumatisierung finden sich schon bei den Ägyptern, den Römern, den Griechen. Dass eine traumatische Erfahrung also psychische und physische Auswirkungen haben kann, ist dem Menschen sehr früh aufgefallen.

Eine wissenschaftliche Auseinandersetzung mit Traumata und deren Folgen für die Psyche hat aber sehr lange nicht stattgefunden.

Pierre Janet (1859–1947), ein französischer Arzt, Psychiater und Psychotherapeut, der sich sehr intensiv mit der Thematik Trauma, Traumafolgen und Behandlung von Traumafolgen beschäftigt hat, schrieb:

„Die Erinnerung an eine traumatische Erfahrung wird oft nicht angemessen verarbeitet: Sie wird daher vom Bewusstsein abgespalten, dissoziiert, um zu einem späteren Zeitpunkt wieder aufzuleben, entweder als emotionaler Erlebniszustand, als körperliches Zustandsbild, in Form von Vorstellungen und Bildern oder von Reinszenierungen im Verhalten. … Wer ein Trauma nicht realisiert …, ist gezwungen, es zu wiederholen oder zu reinszinieren." (Janet 1904).

Er beschreibt damit schon eines von drei Kardinalsymptomen der Posttraumatischen Belastungsstörung, nämlich das Wiedererleben.

Im und nach dem 1. Weltkrieg fielen bei den Soldaten Ticks, bizarre Körperhaltungen, Angst- und Panikzustände auf. In Deutschland wurden die Betroffenen als „Kriegszitterer" bezeichnet. Die Ursache für das Auftreten dieser Symptome wurde damals noch einem Charaktermangel der Soldaten zugeschrieben.

Der Psychologe Charles Myers (1873–1946) prägte hingegen in diesem Zusammenhang in Großbritannien den Begriff „Schützengrabenneurose" (engl. „Shell-Shock"). Er ging davon aus, dass die Symptome durch Organschäden zustande kamen, welche wiederum durch die Erschütterungen von Explosionen entstanden (Myers, 1916). Myers' Begriff wurde in Großbritannien als Diagnose anerkannt, wodurch Betroffene auch eine Berechtigung auf den Bezug von Erwerbsunfähigkeitsrente erhielten.

In Folge des Vietnamkriegs (1955–1975) und den vielen Soldat*innen, welche mit verheerenden psychischen Folgen und mit massiven Reintegrationsschwierigkeiten zu kämpfen hatten, kam es zu einer intensiveren wissenschaftlichen Auseinandersetzung mit dem Thema Trauma und Traumafolgestörungen. Der US-Kongress finanzierte spezielle Therapiezentren und -programme. Und 1980 wurde die Diagnose "Posttraumatic Stress Disorder" erstmalig in ein Diagnosemanual (damals das DSM-III, ein Diagnosemanual, welches in Nordamerika Anwendung findet) aufgenommen. Im Jahr 1992 folgte die Aufnahme der Diagnose Posttraumatische Belastungsstörung in das Diagnosemanual der WHO (damals das ICD-10).

Die Diagnose Posttraumatische Belastungsstörung (PTBS) beschreibt ein Krankheitsbild, welches nach einem traumatischen Ereignis auftreten kann. Die typischen Symptome sind Wiedererleben, Vermeidungsverhalten und Hyperarousal.

Wiedererleben.
Wiedererleben meint, dass Sinneswahrnehmungen aus der traumatischen Situation, also das, was gesehen, gehört, gerochen, geschmeckt oder aber auch gedacht und gefühlt wurde, in der Gegenwart wieder auftreten. Dies kann sich in intrusiven Erinnerungen, Flashbacks oder Alpträumen zeigen, welche typischerweise begleitet sind von starken negativen Emotionen und körperlichen Empfindungen. Dabei stellt das Wiedererleben nicht eine einfache Erinnerung an das traumatische Ereignis dort und damals dar. Vielmehr nimmt die betroffene Person im Wiedererleben die jeweiligen Erinnerungen so wahr, als ob sie jetzt gerade im Moment, im Hier und Jetzt, nochmal passieren.

Vermeidungsverhalten.
Beim Vermeidungsverhalten versucht die betroffene Person bewusst Gedanken und Erinnerungen, sowie Aktivitäten, Situationen und Personen zu meiden, die an das jeweilige Ereignis erinnern und somit stark angstbesetzt sind.

Hyperarousal.
Unter Hyperarousal wird eine anhaltende Bedrohungswahrnehmung, die sich durch Überwachsamkeit oder erhöhte Schreckreaktion auszeichnet, verstanden. Es kann hierbei zu Ein- und Durchschlafstörungen, einer erhöhten Reizbarkeit, aggressiven Impulsen oder Schreckhaftigkeit, sowie zu Konzentrations- und Gedächtnisstörungen kommen.

ICD-11: Posttraumatische Belastungsstörung (6B40) (nach WHO ICD-11)

A-Kriterium Trauma: belastendes Ereignis mit außergewöhnlicher Bedrohung oder katastrophenartigem Ausmaß

(Fortsetzung)

(Fortsetzung)

ICD-11: Posttraumatische Belastungsstörung (6B40) (nach WHO ICD-11)
Kernsymptome: 1) Wiedererleben in der Gegenwart in Form von intrusiven Erinnerungen, Flashbacks, Alpträume, typischerweise begleitet von starken negativen Emotionen und körperlichen Empfindungen   2) Bewusste Vermeidung von Gedanken und Erinnerungen oder Aktivitäten, Situationen oder Personen, die an das Ereignis erinnern   3) Anhaltende Bedrohungswahrnehmung, die sich durch Überwachsamkeit oder erhöhte Schreckreaktion auszeichnet
Die Symptome dauern mindestens einige Wochen an

Um zu verstehen, wie es zur Entstehung einer PTBS kommt, muss man sich zunächst ansehen, was eine traumatische Situation ausmacht und was dabei physiologisch im menschlichen Körper und vor allem im Gehirn passiert.

Wenn es um die Funktionsweise des menschlichen Gehirns bei Bedrohung geht, hat sich seit der Steinzeit nur wenig geändert. Kommt ein Mensch in eine (lebens-)bedrohliche Situation, so hat er grundsätzlich zwei Möglichkeiten zu reagieren. Erstens er kann kämpfen, sich also der Bedrohung stellen und versuchen sie zu bezwingen. Zweitens kann der Mensch versuchen vor der Bedrohung zu fliehen. Für beide Reaktionen ist es notwendig, dass der Körper und die Psyche alle erforderlichen und vorhandenen Mittel zur Verfügung stellt um das Überleben zu sichern. Infolgedessen steigen z. B. der Blutdruck und die Herzfrequenz. Man fängt an zu schwitzen. Die Atmung wird schneller. Die Durchblutung der Muskeln wird hochgefahren. Es werden Stresshormone ausgeschüttet. Der Aufmerksamkeitsfokus engt sich auf die Bedrohung ein, damit dort jegliche Veränderung wahrgenommen wird. Die rechte Gehirnhälfte, welche grob gesagt, für die Emotionen zuständig ist, wird stärker durchblutet. Auf der linken Gehirnhälfte, die grob gesagt für Sprache zuständig ist, wird die Durchblutung eher gemindert. Die Durchblutung von Magen und Darm wird nach unten reguliert, was zu Übelkeit führen kann.

Hat das bedrohte Individuum nun nicht die Möglichkeit zu kämpfen, weil die Bedrohung übergroß ist, oder zu fliehen, schaltet das Gehirn in einen Notfallmodus. Der Umstand, dass alles, was an Energie, körperlich wie seelisch bereitgestellt wird, aber dennoch kein Kampf und keine Flucht möglich ist, führt dazu, dass unser menschliches Gehirn die Sinneseindrücke in der traumatischen Situation nicht korrekt im Gedächtnis abspeichern kann. Die Informationen, welche das Gehirn während des Traumas aufnimmt, werden nicht, wie bei anderen Situationen, die nicht traumatisch sind, im biographischen Gedächtnis abgespeichert. Die auf das Gehirn einströmenden Sinneseindrücke werden, wie auch die Gedanken, Gefühle und Bewertungen, in einem Traumagedächtnis abgespeichert.

Das biographische Gedächtnis ist jenes, auf das wir zugreifen, wenn wir uns z. B. an unseren letzten Urlaub erinnern, sofern der nicht traumatisch war. Es ist vor allem über ein Teil in unserem Gehirn gestört, der Seepferdchen, bzw. Hippocampus genannt wird. Erinnerungen in diesem Gedächtnis stellen ein explizites Wissen dar. Sie haben eine Dort-und-Damals-Qualität, man kann sich also daran erinnern, dass dort und damals jenes passiert ist. Zudem sind Inhalte in diesem Gedächtnis auch episodisch abgespeichert, was bedeutet, dass die Erinnerung einen Anfang, eine Mitte und ein Ende hat. Und Erinnerungen in diesem Gedächtnis sind untereinander vernetzt.

Das Traumagedächtnis wiederum ist über den Mandelkern, auch Amygdala genannt, vermittelt. Der Mandelkern stellt in unserem Gehirn eine eingebaute Alarmanlage dar. Und seine Hauptaufgabe ist das blitzschnelle Bewerten, ob etwas eine Bedrohung darstellt oder nicht. Die dort abgespeicherten Erinnerungen sind eher implizites Wissen. Sie haben eine Hier-und-Jetzt-Qualität (was bedeutet, dass jedes Mal, wenn bei der betroffenen Person das Traumagedächtnis aktiviert wird, sie es so erlebt, als ob das Trauma jetzt gerade wieder stattfindet), sind sehr leicht aktivierbar und sehr häufig nonverbal. Zudem sind sie nicht vernetzt, sondern in Fragmenten abgespeichert.

Dieses Erklärungsmodell, differenziert anhand der zwei unterschiedlichen Formen von Gedächtnis, wird als Gedächtnismodell bezeichnet.

Auf diesem Modell basiert das Furchtstrukturmodell, welches maßgeblich von Edna Foa, einer Psychologin von der Universität Pennsylvania, entwickelt wurde. Die Kernaussage davon ist, dass sich eine PTBS als Folge der Furchtstruktur entwickelt, bzw. erhält. Als Furchtstruktur wird hierbei das Traumagedächtnis bezeichnet. Ein traumatisches Ereignis führt dazu, dass zentrale Gedächtnisinhalte (aus der traumatischen Situation) in ihrer Struktur und Funktion verändert in der Furchtstruktur abgespeichert werden. Diese ist leicht zu aktivieren und hat dabei drei Komponenten:

- kognitive Komponente (die Gedanken und Bewertungen in der traumatischen Situation),
- physiologische Komponente (die Körperempfindungen und -reaktionen in der traumatischen Situation),
- emotionale Komponente (die Gefühle in der traumatischen Situation).

Die Ausbildung einer Furchtstruktur ist nach dem Modell von Edna Foa, traumaphysiologisch und wird erst dann pathologisch, wenn es Tage und Wochen nach dem Trauma nicht zu einer Rückbildung kommt. (Foa et al. 2007).

2003 wurde aus diesem Furchtstrukturmodell unter Einbeziehung von Dissoziationen das duale Gedächtnismodell entwickelt. Hierbei wird davon ausgegangen, dass sich eine PTBS als Folge von dissoziierten, also abgetrennten Erinnerungen entwickelt und erhält (Brewin et al. 2003).

In traumatischer Situation kommt es in der bedrohten Person zu einer sehr hohen Erregung und viele Informationen strömen in sehr kurzer Zeit auf sie ein. Dadurch wird die bewusste Aufnahme beschränkt und es kommt zu einer Dissoziation als Schutzmaßnahme. Die Abspeicherung der Erinnerungen findet in zwei, sich gegenseitig hemmenden, Systemen statt.

Das 1. System ist ein verbal zugängliches und wird explizites Gedächtnis (bzw. engl. „verbally accessible memory" VAM) genannt.

Merkmale sind:

- verbal zugängliches System,
- traumatische Erinnerung ist erzählbar,
- moderate Gefühlsbeteiligung,
- mit autobiographischer Erinnerung verbunden,
- Erinnerung ist über das Seepferdchen gesteuert,
- Erinnerung ist Ort und Zeit zugeordnet,
- verblasst mir den Jahren,
- kaum emotional aktivierbar.

Erinnerungen in diesem System werden als „kalte" Erinnerungen bezeichnet.

Das 2. System ist situativ zugänglich und wird als implizites Gedächtnis (bzw. engl. „situationally accessible memory" SAM) bezeichnet.

Kernmerkmale dieses Gedächtnisses sind:

- situativ zugängliches System,
- Intrusionen/Alpträume,
- kein verbaler Modus (schwer kommunizierbar),
- exzessive Gefühlsbeteiligung,
- fragmentarisch/„Erinnerungsfetzen",
- Erinnerung ist über Mandelkorn gesteuert,
- Hier-und-Jetzt-Qualität,
- nur unwillkürlich über Trigger aktivierbar.

Entsprechend den „kalten" Erinnerungen, werden jene in diesem Gedächtnis als „heiße" Erinnerung bezeichnet.

Beide Systeme hemmen sich gegenseitig, sodass nie Erinnerungen aus beiden Systemen aktiv sein können.

Ziel der Behandlung ist es aus einer „heißen", eine „kalte" Erinnerung zu machen.

Neben den Modellen, welche versuchen eine PTBS über verschiede Gedächtnisstrukturen zu erklären, gibt es auch noch andere Erklärungsmodelle.

Modifiziertes 2-Faktorenmodell der PTBS

Eines davon ist das lerntheoretische Modell (auch 2-Faktorenmodell). Bei diesem Erklärungsversuch liegt der Schwerpunkt auf der jeweiligen Lerngeschichte, was bedeutet, dass es darum geht, zu verstehen wo und über welche Prozesse ein Lernen stattgefunden hat. Dieses Modell ist eine, auf die PTBS angepasste Modifikation des 2-Faktorenmodells von Mowrer für die Angststörung (Mowrer 1947, 1951, 1956, 1960).

1. Faktor:

Hier kommt es zu einer klassischen Konditionierung. Es kommt also zu einer erlernten Reiz-Reaktions-Verknüpfung.

Zunächst neutrale sensorische Reize einer Umgebung (neutraler Reiz genannt), z. B. Dunkelheit und Park, treten zeitlich zusammen mit einem zunächst unkonditioniertem Reiz, z. B. Bedrohung, auf und es kommt zu einer unkonditionierten Reaktion, z. B. Angst.

Ein neutraler Reiz wird definiert als ein Reiz, der keine spezifische Reaktion im Menschen auslöst.

Ein unkonditionierter Reiz jedoch als ein Reiz, der eine, nicht erlernte, angeborene Reaktion (unkonditionierte Reaktion) auslöst. Die Reaktion auf eine physische Bedrohung im dunklen Park mit Angst ist nicht erlernt, sondern eine physiologische, angeborene Reaktion.

Unser Gehirn lernt immer dann besonders gut, wenn das zu Lernende entweder häufig wiederholt wird oder aber mit einer sehr hohen Emotionalität einhergeht. In diesem Fall gibt es eine sehr hohe emotionale Beteiligung, sodass es zu einer Verknüpfung von Umgebungs- reizen und Angstreaktion kommt. Die Umgebungsreize werden zu einem konditionierten Reiz und die Angstreaktion zu einer konditionierten Reaktion.

Die Folge ist nun, dass die Umgebungsreize, also Dunkelheit und Park, schon eine Angst- reaktion (und im Fall der PTBS auch Wiedererleben) auslösen, ohne dass die Bedrohung vorhanden ist.

2. Faktor:

Der zweite Faktor erklärt gut, wie es zur Aufrechterhaltung der PTBS kommt. Hier greift nun nicht die klassische Konditionierung, sondern die operante Konditionierung, also das Lernen am Erfolg.

Die betroffene Person, die nun die neue Reiz-Reaktions-Verknüpfung „Dunkelheit und Park lösen Angst aus" gelernt hat, wird natürlich und verständlich versuchen, diese Angst- reaktion und damit auch die Symptome der PTBS (Wiedererleben und Übererregung) möglichst zu vermeiden, weil es sich ja immer wieder schrecklich anfühlt. Hierdurch lernt das Gehirn nun, dass Vermeidung eine sehr effektive Strategie ist. Nachteil dabei ist, dass bei jedem Mal Vermeiden das Gehirn nicht lernt, dass Dunkelheit und Parks allein, also ohne Bedrohung, nicht gefährlich sind.

In den letzten Jahren wurden weitere Erklärungsmodelle vorgestellt. Hervorzuhe- ben ist hierbei das Netzwerkmodell, was als eine Kombination aus Gedächtnis- und kognitivem Modell gesehen werden kann. Zudem gibt es einige sehr differenzierte Erklä- rungsmodelle, welche unterschiedliche Aspekte in der Erklärung der Entstehung und der Aufrechterhaltung mit einbeziehen und somit nicht nur Störungsmodelle sind, sondern sich auch gut als Modelle eignen, um eine individuelle und störungsspezifische Behandlung abzuleiten.

Komplexe Posttraumatische Belastungsstörung

Die komplexe Posttraumatische Belastungsstörung stellt eine Reaktion auf eine sehr langandauernde Traumatisierung dar. Solche Traumatisierungen können z. B. sexualisierte, verbale, emotionale und/oder physische Gewalt, Folter, Kriegserfahrungen, Vernachlässigung sein.

Die wissenschaftliche Auseinandersetzung mit der PTBS begann, wie bereits oben erwähnt, vor allem im Zuge der Folgen des Vietnamkrieges. In den 1980er- und 1990er-Jahren kam es dann auch zunehmend zur wissenschaftlich systematisierten Bearbeitung der Folgen von sexualisierter und körperlicher Gewalt sowie Vernachlässigung in der Kindheit. Als Vorreiterin in diesem Bereich ist sicher Judith Herman zu sehen. Sie war als Professorin an der Harvard Medical School tätig und forschte lange in dem Bereich der langjährigen Traumatisierung im Kindes- und Jugendalter. 1992 stellte sie das Konzept der komplexen Posttraumatischen Belastungsstörung vor (Herman 1992).

Dieses beinhaltete folgende Symptombereiche:

- Störung der Selbstwahrnehmung
- Störung der Beziehungsgestaltung
- Veränderung persönlicher Glaubens-/Wertvorstellungen
- Affektregulationsstörung
- Dissoziationen
- Somatoforme Körperbeschwerden

Judith Hermans Konzept wurde die Basis, auf der die heutige Diagnose der komplexen Posttraumatischen Belastungsstörung im ICD-11 steht.

Infolge von langandauerndem traumatischem Erleben kommt es zur Kernsymptomatik der non-komplexen PTBS, nämlich Wiedererleben, Hyperarousal und Vermeidungsverhalten. Darüber hinaus kommt es zu Problemen in der Selbstorganisation in den Bereichen Affektregulation, Selbstkonzept und Beziehungsgestaltung.

Die Kernsymptome der non-komplexen PTBS haben wir bereits weiter oben kennengelernt.

Störungen in der Affektregulation.
Eine Affektregulationsstörung bedeutet, dass die betroffene Person Schwierigkeiten hat, emotionale Reaktionen auf äußere und innere Reize situationsadäquat zu regulieren und modulieren. Die Emotionen sind häufig viel stärker, als es dem jeweiligen Auslöser angemessen wäre. Zum Teil werden auch Emotionen wahrgenommen, die gar nicht zum Auslöser passen. Es kommt zu einer hohen Reizbarkeit, einer niedrigen Frustrationstoleranz, zu Traurigkeit und Verzweiflung. Es treten Ängste und Panikattacken auf. Zum Teil kommt es auch zu Selbstverletzung und Suizidalität, oder zu impulsiver Fremdgefährdung. Phasenweise Euphorie ist möglich.

Negatives Selbstkonzept.

Unter Selbstkonzept verstehen wir zum einen das Bild, das wir aktuell von uns haben (Selbstbild/Realselbst), zum anderen das Bild, das wir gerne wären (Idealselbst). Zum Selbstkonzept gehört, welche Eigenschaften wir uns selbst zuschreiben, welche Fähigkeiten wir in uns sehen, welche Gefühle wir haben und was für ein Verhalten wir zeigen.

Der amerikanische Psychologe Carl Rogers gibt dem Selbstkonzept drei Bereiche:

- Selbstbild
- Selbstwertgefühl
- Ideales Selbst

Somit stellt die Arbeit am Selbstwert immer eine Arbeit am Selbstkonzept und vice versa dar.

Das Selbstwertgefühl wiederum hat, so der Psychologe Nathaniel Branden (2011), Die 6 Säulen des Selbstwerts, Piper Taschenbuch, 12. Edition. ISBN-10: 3492263968, sechs Säulen:

- Bewusstes Leben
- Selbstannahme
- Eigenverantwortliches Leben
- Selbstsicheres Behaupten der eigenen Person
- Zielgerichtetes Leben
- Persönliche Integrität
- Authentische Selbstsicht

Mittlerweile ist sich die Selbstkonzeptforschung einig darüber, dass das Selbstkonzept multidimensional ist.

Das Modell der „possible selves" stellt ein gut handhabbares Konzept dar. Dabei werden „possible selves" als unterschiedle Varianten des Selbst gesehen (Markus et al. 1986).

Es werden folgende „possible selves" unterschieden:

- „past selves" = wie sich die Person früher gesehen hat,
- „present selves" = wie die Person sich aktuell sieht,
- „ideal selves" = wie sich die Person selbst idealerweise in der Zukunft sieht,
- „not-me-selves = wie die Person in Zukunft nicht sein möchte.

Betroffene einer komplexen PTBS leiden meist sehr stark unter dem Gefühl des Versagens und der Wertlosigkeit, warum es ihnen auch häufig sehr schwerfällt, sich gegenüber selbstfürsorglich zu handeln. Es kommt zu Schuld- und Schamgefühlen.

Schwierigkeit Beziehungen einzugehen und aufrechtzuhalten.
Es fällt den Betroffen sehr schwer Beziehungen einzugehen, da meist ein sehr großes Misstrauen gegenüber Menschen besteht. Die Nähe zu anderen Menschen wird als bedrohlich wahrgenommen.

ICD-11: komplexe Posttraumatische Belastungsstörung (6B41) (nach WHO ICD-11)

Langandauernde oder wiederholende traumatische Ereignisse, aus dem ein Entkommen nur schwer oder gar nicht möglich war

---

Traumatrias (= Kernsymptome der PTBS):
1) Wiedererleben
2) Vermeidung
3) Hyperarousal

Trias der Störung der Selbstorganisation
1) Störung der Affektregulation
2) Negatives Selbstkonzept
3) Schwierigkeiten Beziehungen einzugehen/aufrechtzuhalten

13.4 Umgang mit Symptomen

Der Umgang mit Symptomen einer posttraumatischen Belastungsstörung (PTBS) in einer internationalen Führungsposition kann äußerst herausfordernd sein. PTBS ist eine ernsthafte psychische Erkrankung, die professionelle Hilfe erfordert. Hier sind Schritte, die ein Manager oder auch eine in der Öffentlichkeit stehende besonders exponierte Person ergreifen kann, um mit PTBS-Symptomen umzugehen:

Suchen Sie professionelle Hilfe: Die wichtigste Maßnahme ist, einen qualifizierten Therapeuten oder Psychiater aufzusuchen, der Erfahrung in der Behandlung von PTBS hat. Die Symptome der PTBS können von Flashbacks und Albträumen bis hin zu Angstzuständen und Depressionen reichen. Eine professionelle Behandlung kann Ihnen helfen, diese Symptome zu bewältigen.

Medikamente: Ein Arzt kann je nach Schwere der Symptome Medikamente verschreiben, um Angstzustände, Schlafstörungen oder Depressionen zu behandeln. Medikamente können eine wichtige Rolle bei der Behandlung von PTBS spielen.

Psychotherapie: In der Regel werden bei PTBS verschiedene Formen der Psychotherapie eingesetzt, darunter kognitive Verhaltenstherapie, EMDR (Eye Movement Desensitization and Reprocessing) und andere Therapieansätze. Die Wahl der Therapie hängt von den individuellen Bedürfnissen und Vorlieben ab.

Stressmanagement: Als Manager auf höchster Ebene ist Stress unvermeidlich. Erlernen Sie Strategien zum Stressmanagement, um Symptome zu lindern. Das kann Techniken wie Entspannungsübungen, Atemtechniken und Sport umfassen.

Selbstfürsorge: Nehmen Sie sich Zeit für Selbstfürsorge und Erholung. Dies kann sowohl beruflich als auch persönlich helfen, PTBS-Symptome zu bewältigen.

Gesunder Lebensstil: Achten Sie auf gesunde Ernährung, ausreichend Bewegung und ausreichenden Schlaf. Ein gesunder Lebensstil kann Ihre psychische Gesundheit unterstützen.

Netzwerk und Unterstützung: Teilen Sie Ihre Erfahrungen mit engen Freunden, Familie oder Vertrauenspersonen. Ein starkes soziales Netzwerk kann Ihnen bei der Bewältigung von PTBS helfen.

Schaffung eines unterstützenden Arbeitsumfelds: Wenn möglich, sprechen Sie mit Ihrem Arbeitgeber über Ihre Situation. Unternehmen können in vielen Fällen Unterstützung bieten, um die Genesung von PTBS zu unterstützen.

Grenzen setzen: Es ist wichtig, Grenzen zu setzen und sich nicht übermäßig zu belasten. Delegieren Sie Aufgaben, wenn möglich, und achten Sie auf Ihr eigenes Wohlbefinden.

Geduld und Akzeptanz: PTBS kann eine langwierige Genesung erfordern. Seien Sie geduldig mit sich selbst und akzeptieren Sie, dass die Genesung Zeit in Anspruch nehmen kann.

PTBS ist eine ernsthafte Erkrankung, die die berufliche Leistungsfähigkeit und die Lebensqualität erheblich beeinträchtigen kann. Ein international auf höchster Führungsebene agierender Manager sollte keine Scheu haben, professionelle Hilfe in Anspruch zu nehmen, da diese der wirksamste Weg ist, mit dieser Störung umzugehen und sich auf den Weg der Genesung zu begeben.

Literatur

Braun, B. G. (1988). The BASK model of dissociation. Dissociation, 1(1), 4–23.

Brewin, C. R., & Holmes, E. A. (2003). Psychological theories of posttraumatic stress disorder. Clinical Psychology Review, 23(3), 339–376. https://doi.org/https://doi.org/10.1016/S0272-735 8(03)00033-3.

Caplan, G. (1964). Principles of preventative psychiatry. New York: Basic Books.

Dilling, H., Mombour, W., Schmidt, M. H., & Schulte-Markwort, E. (Hrsg.) (2011). Internationale Klassifikation psychischer Störungen. ICD-10 Kapitel V (F). Klinisch-diagnostische Leitlinien (5. Aufl.). Bern: Huber.

Edmondson, D. (2014). An Enduring Somatic Threat Model of Posttraumatic Stress Disorder Due to Acute Life-Threatening Medical Events. Soc Personal Psychol Compass. 2014 Mar 5;8(3):118– 134. https://doi.org/10.1111/spc3.12089. PMID: 24920956; PMCID: PMC4048720.

Foa, E., Hembree, E., Rothbaum, B. O. (2007). Prolonged Exposure Therapy for PTSD. Oxford University Press. ISBN-13: 9780199885800.

Fujita, G., Yasushi, N. (2008). Association of objective measures of trauma exposure from motor vehicle accidents and posttraumatic stress symptoms. Journal of traumatic stress. 21. 425-9. https://doi.org/10.1002/jts.20353.

Gysi, J. (2022). Diagnostik von Traumafolgestörungen Multiaxiales Trauma-Dissoziations-Modell nach ICD-11. Bern: Hogrefe Verlag. ISBN: 9783456860114.

Herman, J. L. (1992). Trauma and recovery. The aftermath of violence from domestic abuse to political terror. Herausgeber: Basic Books. ISBN-10: 0465061710. ISBN-13: 978-0465061716.

Janet P. (1904). L'Amnesie et la dissociation des souverirs par l'emotion. Journal Psychol. (1904) 4, 417–453.

Kast, V. (2013). Trauern: Phasen und Chancen des psychischen Prozesses. Kreuz Verlag. ISBN 978–3-451–61236–7.

Kessler, R. C., Sonnega, A., Bromet, E., Hughes, M., Nelson, C. B. (1995). Posttraumatic stress disorder in the National Comorbidity Survey. Archives of General Psychiatry, 52(12), 1048–1060.

Kübler-Ross, E. (1970). On death and dying. Collier Books/Macmillan Publishing Co.

Maercker, A. (1998). Kohärenzsinn und persönliche Reifung als salutogenetische Variablen. In Margraf, J., Neumer, S., Siegrist, J. (Hrsg.), Gesundheits- oder Krankheitstheorie? Saluto versus pathogenetische Ansätze im Gesundheitswesen (S. 187–199). Berlin: Springer.

Markus, H., Nurius, P. (1986). Possible selves. American Psychologist, 41(9), 954–969. https://doi.org/https://doi.org/10.1037/0003-066X.41.9.954.

Marmar, C. R., Weiss, D. S., Metzler, T. J. (1998). Peritraumatic dissociation and posttraumatic stress disorder. In J. D. Bremner & C. R. Marmar (eds.), Trauma, memory, and dissociation (pp. 229–252). Washington: American Psychiatric Press.

Mowrer, O. H. (1947). On the dual nature of learning—a reinterpretation of conditioning and problem solving. Harvard Educational Review, 17, 102–148.

Mowrer, O. H. (1951). Two-factor learning theory: Summary and comment. Psychological Review, 58, 350–354.

Mowrer, O. H. (1956). Two-factor learning theory reconsidered, with special reference to secondary reinforcement and the concept of habit. Psychological Review, 63, 114–128.

Mowrer, O. H. (1960). Learning theory and behavior. New York: Wiley.

Perkonigg, A., Kessler, R. C., Storz, S., Wittchen, H. U. (2000). Traumatic events and post-traumatic stress disorder in the community: prevalence, risk factors and comorbidity. Acta Psychiatrica Scandinavica, 101(1), 46-59.

Siol, T., Flatten, G., Wöller, W. (2001). Epidemiologie und Komorbidität der Posttraumatischen Belastungsstörung. In: Flatten, G., Galley, N., Hofmann, A., Liebermann, P., Petzold, E.R., Siol, T., Wöller, W. (Hrsg), Posttraumatische Belastungsstörung: Leitlinie und Quellentext (S. 41–58):. Stuttgart: Schattauer.

Terr, L. C. (1989). Treating psychic trauma in children. Journal of Traumatic Stress, 2, 3–20.

Terr, L.C. (1991). Childhood traumas: An outline and overview. The American Journal of Psychiatry, 148(1), 10–20.

Yule, W. (2001). Posttraumatic stress disorder in the general population and in children. Journal of Clinical Psychiatry, 62(Suppl 17), 23-28l.

Ängste

14

14.1 Was ist Angst?

Angst ist für jeden Menschen ein Grundbestandteil des Lebens, sie ist eine existenzielle Grunderfahrung. Angst wird zu den Basisemotionen gezählt, also jenen Gefühlen, die in allen Kulturen anzutreffen sind, phylogenetische (also evolutionsgeschichtliche) Mechanismen sind und auf mehr oder minder dieselbe Art und Weise ausgedrückt werden, z. B. mimisches Ausdrucksverhalten wie Weinen. Zudem können Basisgefühle nicht auf grundlegendere Gefühle reduziert werden und stellen selbst die Basis für weitere Gefühle dar. Weitere Basisemotionen sind, je nach Autor Freude, Überraschung, Wut, Traurigkeit und Ekel, häufig werden auch Liebe oder Hass mit dazugezählt. (von Salisch 1988; Dornes 1995).

Angst ist ein angeborenes Reaktionsmuster, das uns Schutz- und Warnfunktion ist. Sie wird als eine Besorgnis bei Bedrohung und Gefahr erlebt.

Durch das Auftreten von Angst, wird unsere Aufmerksamkeit und Konzentration auf eine potenzielle Bedrohung gerichtet und im menschlichen Körper werden Energie zur Bewältigung der Angst bereitgestellt.

Angst tritt also immer dann auf, wenn wir eine reale oder auch nur „gefühlte" Bedrohung wahrnehmen. Angst stellt damit eine unverzichtbare Grundausstattung für das Überleben dar.

Angst wird häufig auf den ersten Blick als vor allem negatives Gefühl gesehen. Je nach persönlicher Erfahrung mit bestimmten Gefahren und nach individuellen Risikokompetenzen kann Angst auch als angenehme, ja sogar lustvolle Erfahrung erlebt werden.

Unterschiedliche „Angst-Formen"

Der deutsche Psychologe Siegbert Warwitz hat folgende Formen unterschieden (2016)

© Der/die Autor(en), exklusiv lizenziert an Springer Fachmedien Wiesbaden GmbH, ein Teil von Springer Nature 2024
S. J. Matten und M. J. Pausch, *Depression, Trauma und Ängste*,
https://doi.org/10.1007/978-3-658-43966-8_14

- Angst ist diffus, abstrakt, zeitlich überdauernd
- Furcht ist konkret, auf eine Bedrohung gerichtet, temporär
- Panik ist intensivste Angst mit starker Stressreaktion, bei tatsächlicher oder angenommener Bedrohung
- Phobie ist Angst auf ein konkretes Objekt oder Situation gerichtet

4-Ebenen-Modell der Angst

Angst tritt bei uns Menschen auf vier Ebenen auf. Wir nehmen die Angst als Gefühl wahr, aber auch unsere Gedanken und natürlich unser Verhalten werden davon beeinflusst. Und zuletzt spüren wir die Angst auch in unserem Körper. Alle vier Ebenen beeinflussen sich nun gegenseitig und haben jeweils Einfluss auf die Angst selbst.

Anhand dieses 4-Ebenen-Modells kann man auch gut sehen, an welcher Stelle ein aktives Eingreifen möglich ist. Wir können meist unsere Emotionen und unsere Körperreaktionen nicht direkt beeinflussen. Jedoch können wir dies mit unseren Gedanken und mit unserem Verhalten. Wenn wir also Angst wahrnehmen, und vielleicht auch weitere Gefühle, wie z. B. Scham, Wut oder Schuld, dann werden wir auch dementsprechende Körperreaktionen haben, wie z. B. Schwitzen, Zittern. Als dies können wir nicht direkt beeinflussen. Was wir zu diesen Wahrnehmungen allerdings denken, wie wir sie kognitiv einordnen und was wir auf Verhaltensebene tun, das können wir sehr wohl steuern. Und hierdurch die Angst reduzieren.

Veränderungen des Körpers durch Angst

Häufig nehmen wir Angst zunächst und vor allem körperlich wahr. Unser Körper signalisiert uns also, dass es irgendwo eine Bedrohung geben muss.

Zu diesen körperlichen Symptomen zählen z. B.

- Herzrasen
- Angst vor einem Herzinfarkt
- Druck auf der Brust
- Atemnot
- Erstickungsgefühl
- Veränderung des Temperaturgefühls (z. B. Hitzewallung)
- Zittern
- Schwitzen
- Kribbel- und / oder Taubheitsgefühle
- Magen-Darm-Beschwerden wie Übelkeit, Erbrechen, Durchfall
- Schluckbeschwerden

Veränderung der Gedanken durch Angst

Angst engt unser Denken im Akutfall ein. Wir können uns nur mit der Bedrohung beschäftigen. Für den akuten Fall ist dies auch sinnhaft, da wir so mehr Energie auf einen Ausweg verwenden können. Bei dauerhaften oder immer wiederkehrenden Ängsten führt dies aber zu einer deutlichen Einschränkung unserer tatsächlichen kognitiven Möglichkeiten. Zudem kommt es zu einer wichtigen Änderung im Denken, nämlich die Angst-vor-der-Angst. Der Gedanke, dass es jederzeit wieder zu einem Angstanfall kommen kann, führt dazu, dass man ständig an diesen Angstanfall denken muss und man in ständiger Angst davor lebt.

Veränderung des Verhaltens durch Angst
Häufige und dauerhafte Ängste führen dazu, dass es zu einem sozialen Rückzug und zu einem Vermeidungsverhalten von Situationen kommt, welche Angst auslösen. Dieses Vermeidungs- und Schonungsverhalten führt dazu, dass es kurzfristig zu einer Reduktion der Angst kommt, es langfristig aber zu einem Ausbreiten dieses Verhaltens kommt, einer sog. Generalisierung. Es werden immer mehr Situationen und Belastungen vermieden.

State- und Trait-Angst
Charles Donald Spielberger, ein US-amerikanischer Psychologe, postulierte in der 1970er-Jahren das State-Trait-Angstmodell. Hierbei unterscheidet er zum einen das Gefühl Angst, welches in einer bestimmten Situation entsteht und damit eine Zustandsbeschreibung ist, dies nennt er „State-Angst". Zum anderen beschreibt er Ängstlichkeit oder Angst als eine Charaktereigenschaft. Diese nennt er „Trait-Angst". Ein Mensch mit einer hohen Trait-Angst, neigt eher dazu sich schnell unsicher und bedroht zu fühlen und entwickelt daher auch schneller eine State-Angst (Spielberger 1983, 1989).

Modell des Aufmerksamkeitsbias
Nach diesem Modell gibt es eine Verschiebung in der Aufmerksamkeit. Es werden weniger Anzeichen für eine reale Bedrohung im Außen erkannt, sondern viel mehr Anzeichen in uns, also z. B. Körperreaktionen wie erhöhter Herzschlag. Aufgrund dieses Aufmerksamkeitsbias kommt es zu einer emotionalen Informationsverarbeitung („emotional reasoning"). Es wird damit keine Gefahr oder Bedrohung verlässlich vorhergesagt. Es wird eine Angstreaktion im Körper wahrgenommen und daraus resultiert, dass auch im Außen eine Bedrohung sein muss (McNally et al. 2009).
Das Motto ist „If I feel anxious, there must be danger!" (Arntz et al. 1995).

Entwicklungspsychologisches Modell
Großen Einfluss auf unser Kontrollgefühl haben Erziehungsstil und Charakteristika unserer Familie. Schützend vor einer Angststörung sind emotionale Wärme, Empathie, klare Konsistenz und Kontingenz des elterlichen Erziehungsverhaltens sowie Förderung des kindlichen Autonomieverhaltens.
Als Risikofaktoren werden eine Überprotektion, Ermutigung zum Vermeidungsverhalten, mangelnde emotionale Verfügbarkeit, Erziehungsinkonsistenz, hohe Kritik, Entmutigung und Demütigung gesehen.

14.1.1 Was sind Angststörungen?

Wann wird das Gefühl Angst zum Problem und zu einer Angststörung?

Wenn wir zu viel Angst haben, blockiert das unser Denken, unser Handeln und unsere Kreativität. Haben wir aber im Gegensatz dazu zu wenig Angst führt das zum Ausblenden von Gefahren und Risiken.

Angst ist unsere innere „Alarmanalage" Angst und ist evolutionsbiologisch sehr empfindlich angelegt. Es wird sozusagen lieber ein häufiger Fehlalarm in Kauf genommen, als einmal eine lebensbedrohliche Gefahr übersehen zu haben. Der Grund hierfür liegt auch auf der Hand. Die Folge eines Fehlalarms ist unangenehm für das betroffene Individuum, aber eine übersehene Lebensgefahr, kann dann eben tödlich enden.

Ängste, in diesem Fall würde man sie als funktionale Ängste beschreiben, die zu keinen Einschränkungen und Problemen in der individuellen Lebensführung führen, haben meist folgende drei Kriterien:

1. Die Auslöser der Ängste sind real vorhanden.
2. Das Ausmaß der Ängste ist dem Auslöser und der Situation angemessen.
3. Fällt der Auslöser der Ängste weg, reduzieren sich die Ängste wieder.

Kommt es jedoch zu Ängsten, welche diese Kriterien nicht mehr erfüllen, so werden sie häufig zu einem Problem und es entsteht Leidensdruck, da sie meist auch einhergehen mit einer Einschränkung des täglichen Lebens und der Entfaltung der eigenen Möglichkeiten und Ressourcen. Solche dysfunktionalen Ängste erfüllen meist eine oder mehrere der folgenden Eigenschaften:

1. Es gibt keinen Auslöser, oder der Auslöser wird fehlerhaft wahrgenommen, also z. B. größer und bedrohlicher als er ist.
2. Das Ausmaß der Ängste ist weder dem Auslöser noch der Situation angemessen. Es zeigt sich eine Überreaktion.
3. Entfällt der Auslöser, fallen die Ängste nur sehr langsam wieder ab.

Generalisierung

Ängste haben allgemein die Eigenschaft, dass sie sich ausweiten. Man spricht hier von Generalisierung. Zunächst ist es nur eine ganz bestimmte Sache, eine ganz bestimmte Situation, die Angst auslöst und die deshalb vermieden wird. Mit der Zeit lernt das Gehirn, dass durch das Vermeidungsverhalten die Angst sehr schnell und effektiv abfällt und wendet deshalb diese Strategie auch in anderen Situationen an, in denen Angst auftritt. Dadurch wird das Bedrohungserleben immer größer. Es tritt viel häufiger Angst auf. Und das individuelle Bewältigungserleben nimmt ab.

Differentialdiagnosen bei Angststörungen

Ängste und Angststörungen können bei einer Reihe von körperlichen Erkrankungen auftreten. Aufgrund dessen ist beim erstmaligen Auftreten einer Angststörung zunächst eine gute somatische Abklärung nötig.

Körperliche Erkrankungen, die hinter einer Angststörung stehen können, sind z. B.:

- Störungen der Schilddrüsenfunktion
- Unterzucker (sog. Hypoglykämie)
- Herzrhythmusstörungen
- Durchblutungsstörungen am Herzen (Koronare Herzerkrankung; Myokardinfarkt)
- Zerebrales Anfallsleiden
- Morbus Parkinson
- Demenzielle Erkrankungen
- Chorea Huntington
- Morbus Wilson
- Zerebrale Vaskulitiden
- Asthma bronchiale
- COPD
- Lungenembolie
- Lungenödem

Neben einer körperlichen Erkrankung kann die Einnahme von Medikamenten oder Drogen, bzw. das Absetzen und Weglassen derselben, zu Ängsten und Angststörungen führen. Die häufigsten Medikamente, die dies machen sind:

- Blutdruckmedikamente
- Asthmasprays
- Schilddrüsenhormone
- Antibiotika
- Koffein

Ersterkrankungsalter

In 80–90 % der Fälle beginnen Angststörungen vor dem 35. Lebensjahr. Die Jahre zwischen dem 10. und 25. Lebensjahr sind ein Hochrisikoabschnitt, da hier die meisten Angststörungen ihren Anfang finden. Das Risiko einer Ersterkrankung sinkt nach dem 4. Lebensjahrzehnt deutlich. Die einzige Ausnahme davon ist die generalisierte Angststörung, da diese in jedem Alter erstmalig auftreten kann (Wittchen et al. 2001; Kessler et al. 2005a, b, 2005a).

Die einzelnen Angststörungen zeigen auch, wenn man sich ansieht, wann sie jeweils erstmalig auftreten, ein jeweils typisches Muster.

Spezifische Phobie, wie z. B. Hundephobie beginnt meist schon in der Kindheit und er frühen Adoleszenz (Wittchen, Bullinger-Naber, Hand et al. 1995; Kessler, Chiu, Demler et al. 2005a, b).

Soziale Phobie, also die Angst vor Bewertung in einer Gruppe, findet ihren Anfang meist auch schon sehr früh im Leben der Betroffenen, sie beginnen meist schon in der Adoleszenz (Kessler, Chiu, Demler et al. 2005a, b).

Bei der generalisierten Angststörung haben wir zwei Phasen, in denen sie meist anfangen. Zum einen im jungen Erwachsenenalter und zum anderen im 4. Lebensjahrzehnt (Wittchen 2001a, Wittchen et al. 2001, Kessler, Chiu, Demler et al. 2005a, b).

Panikstörung und Agoraphobie wiederum beginnen typischerweise zwischen dem 20. und 30. Lebensjahr (Wittchen 1993; Kessler, Chiu, Demler et al., 2005a, b).

Verlauf von Angststörungen

Angststörungen haben, wenn sie einmal aufgetreten sind, nur eine sehr geringe Wahrscheinlichkeit, dass sie sich wieder spontan, also ohne Hilfe und Unterstützung von selbst zurückbilden. Die spontane Rückbildungsrate liebt bei maximal 20 %, was bedeutet, dass nur jede fünfte betroffene Person ihre Angststörung von selbst wieder loswird (Wittchen 1991).

Allgemein haben Angststörungen die große Tendenz chronisch zu verlaufen. So geht man davon aus, dass mindesten 50 % aller Fälle, wenn sie unbehandelt bleiben, einen chronischen Verlauf nehmen (Wittchen und Perkonigg 1996).

Komorbiditäten von Angststörungen

30–80 % der Betroffenen einer Angststörung leiden mindestens unter einer weiteren Angststörung und zeigen zudem eine höhere Rate, weitere psychische Erkrankungen zu erleiden. Häufig treten zudem Depression und Suchterkrankungen auf. Bei den Suchterkrankungen handelt es sich häufig um Bewältigungsversuche der Angst. Durch den Konsum eines Suchtmittels wird die Angst weniger und somit sind der Alltag und die Arbeit besser zu meistern. Depressionen entwickeln sich häufig, wenn die Betroffenen sich aufgrund der starken Ängste sehr zurückziehen, also ein sehr hohes Vermeidungsverhalten aufbauen (Wittchen und Vossen 1996).

Hypothese der „biological preparedness"

Bei der Hypothese der „biological preparedness" wird davon ausgegangen, dass Konditionierungsvorgänge sich vor allem mit Reizen herausbilden, welche in früheren Phasen der Evolution wichtig waren, d. h. einige Reiz-Reaktion-Paare lernen sich leichter als andere (Seligman 1970, 1971). Wir lernen also leichter vor Spinnen und Schlangen Angst zu haben, weil sie in der Evolution der Menschheit wichtig waren, als vor Autos oder Steckdosen, obwohl heute wohl in Westeuropa mehr Menschen durch Autos und Steckdosen sterben als durch Spinnen und Schlangen.

Vulnerabilitäts-Stress-Modell der Angststörungen

Das Vulnerabilitäts-Stress-Modell versucht zu beschreiben, wie es zur Entstehung einer Angststörung kommt und bezieht dabei unterschiedliche Faktoren mit ein.

Zum einen wird betrachtet, welche verursachenden Faktoren es gibt. Dazu zählen z. B. die genetischen Faktoren (also gab es Angsterkrankungen in der Familie?), biological preparedness und Persönlichkeitsfaktoren.

Zusätzlich zu diesen verursachenden müssen nun, damit eine Angststörung entsteht, auch auslösende Faktoren kommen. Diese können sein: Stress, Belastungen, ein Trauma, körperliche Erkrankung oder Drogen.

Ist es dann zur Ausbildung einer Angststörung gekommen, gibt es Faktoren, die dazu beitragen, dass die Erkrankung aufrechterhalten wird. Diese sind häufig Vermeidungsverhalten, fehlerhafter Umgang mit den Symptomen der Angst, fehlende Angstkontrolle und Entmutigung.

Typisierung von Angststörungen

Ängste können nach unterschiedlichen Gesichtspunkten typisiert werden. Eine der wichtigsten Eingruppierungen ist die nach den beiden Kriterien, Dauer und Situationsabhängigkeit.

Die Kernfrage, die also dahintersteht, ist, ob die Ängste immer da sind oder nur in Angstepisoden auftauchen. Und ob die Ängste nur in bestimmten Situationen auftreten, oder ganz unabhängig davon.

	Episodisch	Persistent
Mit situativen Auslösern	Agoraphobie, soziale Angststörung	Spezifische Phobie
Ohne situative Auslöser	Panikstörung	Generalisierte Angststörung

Einteilung nach ICD-11:

Angststörungen werden aktuell nach dem WHO-Diagnosekriterien ICD-11 eingeteilt. Hier werden sie als „Angst- und furchtbezogene Störungen" beschrieben. Als einzelne Diagnosen gibt es:

- Panikstörung
- Agoraphobie
- Soziale Angststörung
- Generalisierte Angststörung
- Spezifische Phobien

14.1.2 Generalisierte Angststörung

Bei der generalisierten Angststörung steht eigentlich nicht die Angst, sondern dass „sich Sorgen machen" im Mittelpunkt. Die Betroffenen haben ständig die Sorge, dass ihnen, ihrer Familie oder sonstigen Menschen etwas zustößt oder andere schlimme Dinge passieren. Zudem kommt es zu Symptomen der Anspannung und der vegetativen Übererregbarkeit, wie Verspannungen, Zittern, Schwitzen, Tachykardien. In den meisten Fällen nehmen die Patienten keine Angst, sondern eine Erschöpfung war.

Diagnosekriterien nach ICD-11:

- Es besteht eine ausgeprägte und übermäßige Angst in Form von allgemeiner, übermäßiger Besorgnis.
- Die Besorgnis bezieht sich auf alltägliche Ereignisse und konzentriert sich meist auf die Familie, die Gesundheit, die Finanzen, die Schule oder den Beruf.
- Es treten zusätzliche Symptomen auf, wie
  - Muskelverspannungen,
  - motorische Unruhe,
  - Überaktivität,
  - subjektives Erleben von Nervosität,
  - Schwierigkeiten bei der Aufrechterhaltung der Konzentration,
  - Reizbarkeit oder
  - Schlafstörungen.
- Die Symptome bestehen mindestens mehrere Monate lang an und sind an mehr Tagen vorhanden als nicht vorhanden.
- Es kommt zu einer erheblichen Beeinträchtigung in persönlichem, familiären, sozialen, schulischen, beruflichen oder anderen wichtigen Funktionsbereichen.
- Die Symptome sind nicht Ausdruck einer anderen Erkrankung und nicht auf die Wirkung einer Substanz oder einer Medikation zurückzuführen.

Psychotherapie

In der psychotherapeutischen Behandlung der generalisierten Angststörung besteht häufig das Problem, dass die Ängste keinen konkreten Situationsbezug haben.

Zunächst sollte eine ausführliche Aufklärung über Symptome der generalisierten Angststörung stattfinden. Zur Reduktion der muskulären Verspannung und der autonomen Übererregung sollte ein Entspannungsverfahren etabliert werden. Auf der kognitiven Ebene sollte eine Identifikation und Modifikation des negativen Gedankenkreisens mit permanenter Katastrophenantizipation bearbeitet werden.

14.1.3 Panikstörung

Bei der Panikstörung treten wiederkehrend ganz plötzlich und ohne jegliche Auslöser Angstanfälle auf. Die Symptome treten meist mit subjektiv unkontrollierbarer Intensität auf. In der betroffenen Person steigt, meist innerhalb von Sekunden, Panik und häufig auch Todesangst auf. Es kommt zu einer sehr heftigen körperlichen Reaktion mit Herz-rassen, Druckgefühl auf der Brust, Hitzewallung, Zittern, Schwitzen und vielem anderen mehr. Es kommt gedanklich zu katastrophisierenden Fehlinterpretationen einer unmittel-baren Bedrohung. Panikattacken dauern gewöhnlich nur einige Minuten, können aber auch länger andauern.

Es gibt nächtliche Panikattacken, bei denen die Betroffenen aus dem Schlaf mit einer Panikattacke aufwachen.

Zentrales Symptom der Panikstörung ist die Panikattacke und die Angst vor der Panik-attacke (sog. Phobophobie). Auf Verhaltensebene zeigt sich ein deutliches Vermeidungs-verhalten gegenüber allen Situationen und potenziellen Auslösern einer Panikattacke.

Panikattacken können nicht nur bei einer Agoraphobie auftreten, sondern auch bei allen anderen Angststörungen.

Teufelskreis der Panikattacke

Mit dem Modell des Teufelskreises der Panikattacke, wird sehr häufig das sich gegenseitige beeinflussen von Gedanken, Körperreaktion, Emotion und Wahrnehmung in einer Panikat-tacke erklärt. Grundsätzlich lässt sich dieses Modell auch auf alle anderen Angststörungen übertragen.

Zunächst werden körperliche Reaktionen, wie z. B. Schwitzen, schneller Herzschlag, als Anzeichen einer Bedrohung wahrgenommen und interpretiert. Die Folge davon ist, dass es zu einer emotionalen Reaktion mit Angst kommt. Zudem finden Veränderung und Ein-engung der Gedanken statt. Die Gedanken beschäftigen sich sehr stark mit der Interpretation der körperlichen und emotionalen Reaktionen. Es entsteht der Gedanke „Ich bin in Gefahr". Durch gedankliche Verzerrung werden alternative Erklärungen für die Körperreaktionen nicht gesehen. Der Fokus liegt auf der Suche nach der Bedrohung. Und der Wahrnehmungs-fokus wird noch mehr auf diese körperlichen und emotionalen Reaktionen gelegt. Hierdurch kommt es zu einer Verstärkung der körperlichen und emotionalen Symptome.

Eine Veränderung durch die Betroffenen ist über diese kognitive Bewertung gut möglich.

Diagnosekriterien nach ICD-11:

1. Es kommt zu wiederkehrenden unerwarteten Panikattacken, die nicht auf bestimmte Reize oder Situationen beschränkt sind.
2. Eine Panikattacken wird als eine Episode intensiver Angst verstanden.
3. Charakteristische Symptome, die rasch und zeitgleich bei einer Panikattacke auftreten könne sein:
   – Herzklopfen
   – Erhöhte Herzfrequenz
   – Schweißausbrüche
   – Zittern
   – Kurzatmigkeit
   – Schmerzen in der Brust

– Schwindel / Benommenheit
– Schüttelfrost
– Hitzewallungen
– Angst vor dem Tod

- Es kommt zu einer anhaltenden Besorgnis über das Wiederauftreten einer Panikattacke.
- Das Verhalten wird so verändert, dass das Wiederauftreten einer Panikattacke reduziert wird.
- Es kommt zu einer erheblichen Beeinträchtigung in persönlichen, familiären, sozialen, schulischen, beruflichen oder anderen wichtigen Funktionsbereichen.
- Die Symptome sind nicht Ausdruck einer anderen Erkrankung und nicht auf die Wirkung einer Substanz oder einer Medikation zurückzuführen.

Psychotherapie

Die kognitive Verhaltenstherapie gilt als Psychotherapieverfahren der ersten Wahl und es sollten kognitive und behaviorale Elemente enthalten sein.

Bei Agoraphobien ist die Exposition den kognitiven Techniken überlegen, während es bei Panikstörungen umgekehrt ist und die kognitiven Techniken überlegen sind.

Eine gute kognitive Verhaltenstherapie sollte folgende Elemente enthalten.

Erstens sollte eine gute therapeutische Beziehung bestehen.

Zweitens sollten die folgenden fünf grundlegenden Therapiekomponenten bearbeitet werden:

1. Information
2. Entspannung
3. Kognitive Um-/Restrukturierung
4. Interozeptive Exposition
5. In-vivo-Exposition

Information

Es sollte eine gute und fundierte Information über die Natur einer Agoraphobie und/oder einer Panikstörung stattfinden. Vor allem sollte der Teufelskreis bei Panikattacken vermittelt werden, mit der Kernbotschaft, dass die Symptome harmlos sind. Die betroffenen Personen sollten durch die Informationen ein objektives Bewusstsein für sich selbst entwickeln, sodass ein Selbstmonitoring bezüglich Auslöser, Symptomen, situativen Kontexten möglich wird. Zudem sollte es zu einer Sensibilisierung für körperliche Reaktionen, Gedanken und Verhalten kommen.

Entspannung

Es stellt einen wichtigen Teil in der Bewältigung von agoraphobischen Ängsten und Panikattacken dar, dass es zum Erwerb von Fertigkeiten zur Symptombewältigung, wie Entspannungsübungen oder Zwerchfellatmung kommt.

Bei etwa zweidritteln aller Betroffenen von Panikattacken kommt es im Rahmen der Symptome auch zu einer Hyperventilation. Dieser kann man durch ein gezieltes Atemtraining besonders effektiv begegnen.

Isolierte Übungen des autogenen Trainings sind eher nicht indiziert, da bereits übersensibilisierte körperliche Wahrnehmungen vorhanden sind und dadurch verstärkt werden.

Kognitive Um-/Restrukturierung

Innerhalb der Behandlung sollte es zu einer Modifikation des dysfunktionalen Denkstils bei der Bewertung des Panikerlebens kommen. Die Panik wird meist als unausweichliche, unkontrollierbare Katastrophe für die körperliche Integrität beurteilt und automatisch mit schwerwiegender Erkrankung assoziiert, z. B. Herzinfarkt. Diese kognitiven Automatismen sollten hinterfragt werden. Hilfreich hierfür ist der sokratische Dialog.

Interozeptive Exposition

Hierunter wird ein „Verlernen" (Löschung) der Furcht von Angstsymptomen verstanden. Der Weg dorthin ist ein sich sukzessives Aussetzen körperlicher Symptome, welche bei Panikattacken auftreten, z. B. schnelles Atmen, sich schnell drehen. Die Folge davon ist, dass es zu den Gefühlen Panik und Angst kommt und gedankliche Automatismen, wie z. B. „Ich sterbe jetzt", auftreten. Diesen körperlichen und gedanklichen Symptomen soll dann gegengewirkt werden durch kontrollierte Zwerchfellatmung und kognitive Strategien. Letztendlich soll das Ergebnis die Erkenntnis sein, dass die Symptome ungefährlich sind.

In-vivo-Exposition

Gemeint ist damit, dass es zu einem konkreten Aufsuchen der angstbesetzten Situation kommt. Hierbei gibt es zwei grundsätzliche Strategien.

Erstens das Angstmanagementtraining. Hierbei wird zunächst eine Hierarchie von angstgesetzten Situationen aufgestellt. Im nächsten Schritt wird dann entweder die schlimmste angstauslösende Situation aufgesucht und beibehalten, bis die Angst abfällt und verschwindet (sogenannte Reizüberflutung oder „flooding"). Alternativ dazu kann eine abgestufte Exposition stattfinden. Hierbei beginnt man mit der am wenigsten angstbesetzten Situation aus der Angsthierarchie. Sie wird so lange aufgesucht und beibehalten, bis sie keine Angst mehr auslöst. Erst wenn dies möglich ist, geht man zur nächsten, höherstehenden Situation in der Angsthierarchie.

Die zweite Strategie ist die Angstmeidungsstrategie. Bekanntestes Beispiel ist die systemische Desensibilisierung nach Wolpe (Wolpe, 1961). Zunächst muss von den betroffenen Personen ein Entspannungsverfahren, meist progressive Muskelrelaxation nach Jacobson (Jacobson, 1990), erlernt werden. Den Betroffenen sollte es möglich sein, sich selbständig schnell in eine entspannte Lage zu bringen. Im nächsten Schritt findet eine Konfrontation mit der angstbesetzten Situation statt. Kommt es nun zu einer Angstwahrnehmung, soll die betroffene Person zunächst wieder einen Schritt zurückgehen, sich in eine entspannte Lage bringen und erst dann wieder einen Schritt vorgehen. So soll ein sukzessives sich Vorarbeiten stattfinden, bis die Situation dann ohne Angst aufgesucht werden kann.

Die empirischen Ergebnisse zeigen eine Erfolgsquote der kognitiven Verhaltenstherapie von ca. 70 %, wobei die Reizüberflutung besser wirkt als eine abgestufte Exposition. Diese wiederum hat eine höhere Erfolgsquote als die Angstmeidungsstrategie.

14.1.4 Agoraphobie

Die zentrale Hauptangst bei Menschen mit einer Agoraphobie ist das „nicht Wegkönnen", bzw. „keine Hilfe bekommen". Kommen Betroffene in solche Situationen, reagieren sie mit deutlicher Angst, z. T. können dann auch Panikattacken auftreten. Häufig können solche Situationen aufgesucht werden, wenn es unter Begleitung einer vertrauten Person ist.

Typische Situationen, die bei einer Agoraphobie angstbesetzt sind, sind Öffentliche Verkehrsmittel, Menschenmengen oder beim Anstehen.

Diagnosekriterien nach ICD-11:

- Es kommt zu einer ausgeprägten und übermäßigen Angst in Situationen, in denen
- eine Flucht schwierig, bzw.
- keine Hilfe verfügbar ist.
- Es besteht eine ständige Angst vor diesen Situationen.
- Die Situationen werden aktiv gemieden, bzw. können nur unter bestimmten Bedingungen aufgesucht, so z. B. mit einer vertrauten Person.
- Es kann zusätzlich zu Panikattacken kommen.
- Die Symptome bestehen mindestens für mehrere Monate.
- Es kommt zu einer erheblichen Beeinträchtigung in persönlichen, familiären, sozialen, schulischen, beruflichen oder anderen wichtigen Funktionsbereichen.
- Die Symptome sind nicht Ausdruck einer anderen Erkrankung und nicht auf die Wirkung einer Substanz oder einer Medikation zurückzuführen.

Psychotherapie
Im Rahmen einer kognitiven Verhaltenstherapie sollte zunächst an der Identifikation und Modifikation von negativen automatischen Gedanken und Bewertungsschemata gearbeitet werden. Zudem sollten Entspannungstechniken etabliert werden, bevor es zu einer Exposition mit definierten sozialen Situationen kommt.

14.1.5 Spezifische Phobie

Bei der spezifischen Phobie kommt es zu einer Angst vor ganz bestimmten Dingen oder Situationen. Häufigste Phobien bestehen vor bestimmten Tieren, vor dem Fliegen, der Höhe, geschlossenen Räume, dem Anblick von Blut oder vor Verletzungen.

Auch bei einer spezifischen Phobie kann sich die Angst bis zu einer Panikattacke steigern.

Spezifische Phobien können wie folgt unterteilt werden:

1. Tier-Typ (z. B. Insekten, Hunde)
2. Naturgewalten-Typ (z. B. Sturm, Wasser)
3. Blut-Injektions-Verletzungs-Typ
4. Situativer Typ (z. B. Fahrstuhl, Tunnel, Flugzeug)

Diagnosekriterien nach ICD-11:

- Es kommt zu einer ausgeprägten und übermäßigen Angst vor bestimmten Objekten oder Situationen.
- Die Angst steht in keinem Verhältnis zur tatsächlichen Gefahr.
- Die phobischen Objekte oder Situationen werden gemieden oder aber mit intensiver Angst ertragen.
- Die Symptome bestehen mindestens mehrere Monate lang an.
- Es kommt zu einer erheblichen Beeinträchtigung in persönlichen, familiären, sozialen, schulischen, beruflichen oder anderen wichtigen Funktionsbereichen.
- Die Symptome sind nicht Ausdruck einer anderen Erkrankung und nicht auf die Wirkung einer Substanz oder einer Medikation zurückzuführen.

Psychotherapie

Bei der Behandlung einer spezifischen Phobie kann auch wieder zwischen einem Angstmeidungstraining (systematische Desensibilisierung nach Wolpe) und einem Angstmanagementtraining (Angstkonfrontationstraining gemäß „flooding" oder nach Angsthierarchie) unterschieden werden. In Metaanalysen konnte eine hohe signifikante Effizienz von Exposition gegenüber Wartegruppe gezeigt werden.

14.1.6 Soziale Angststörung

Betroffene einer sozialen Angststörung leiden unter der zentralen Hauptangst von anderen bewertet, und natürlich hauptsächlich negative bewertet zu werden. Betroffenen fällt es schwer soziale Situationen aufzusuchen und z. B. Unterhaltungen führen, in Gegenwart von anderen zu Essen oder zu Trinken, oder eine Rede zu halten. Begleitphänomene sind unter anderem Erröten, Zittern und Übelkeit. Die betroffenen Personen unterschätzen häufig ihre eigene Leistungskompetenz, zeigen sich versagensorientiert und erwarten vorrangig negative Rückmeldung über sich. Die Symptome könne nur in spezifischen Situationen oder generalisiert auftreten. Zudem kann es sein, dass sich die Ängste bis zu einer Panik steigern.

Diagnosekriterien nach ICD-11:

- Es besteht eine ausgeprägte und übermäßige Angst
- in sozialen Situationen,
- bei Handlungen, bei denen man sich beobachtet fühlt,
- bei Auftritten vor anderen.
- Es besteht eine intensive Sorge um negative Bewertung durch andere.
- Die Situationen werden vermieden oder mit intensiver Angst ertragen.
- Die Symptome bestehen mindestens mehrere Monate lang an.
- Es kommt zu einer erheblichen Beeinträchtigung in persönlichen, familiären, sozialen, schulischen, beruflichen oder anderen wichtigen Funktionsbereichen.
- Die Symptome sind nicht Ausdruck einer anderen Erkrankung und nicht auf die Wirkung einer Substanz oder einer Medikation zurückzuführen.

Psychotherapie
Im Rahmen einer kognitiven Verhaltenstherapie sollte zunächst an der Identifikation und Modifikation von negativen automatischen Gedanken und Bewertungsschemata gearbeitet werden. Zudem sollten Entspannungstechniken etabliert werden, bevor es zu einer Exposition mit definierten sozialen Situationen kommt.

14.2   Lerntheoretische Modelle zur Entstehung von Angststörungen

Zwei-Faktoren-Modell
Eines der wohl bekanntesten Entstehungs- und Aufrechterhaltungsmodelle der Angststörung ist das Zwei-Faktoren-Modell. Es wurde Ende der 30er Jahre des letzten Jahrhunderts von Orval Mowrer, einem US-amerikanischen Psychologen formuliert. Die Entstehung der Angststörung läuft hiernach in zwei Phasen. (Mowrer, 1947, 1951, 1956, 1960).

1. Phase – klassische Konditionierung.
     In der ersten Phase wird ein ursprünglich neutraler Reiz durch zeitliche und räumliche Kopplung mit einer angstauslösenden Situation zu einem konditionierten Angstreiz. Tritt

z. B. der erste Angstanfall in einem Auto auf, während man Beifahrer ist, kann es sein, dass das Auto, zunächst ein neutraler Reiz, zu einem konditionierten Reiz wird. Dadurch kann allein das im Auto sein, zu einer erneuten Angstsymptomatik führen.

2. Phase – operante Konditionierung.

In dieser Phase werden die konditionierten Reize vermieden, wodurch es auch zu keinen Angstanfällen mehr kommt (= negative Verstärkung). Hierdurch lernt das Gehirn, dass Vermeidungsverhalten eine erfolgreiche Strategie zur Angstvermeidung ist. In Bezug auf das Autobeispiel würde die betroffene Person nicht mehr in Autos einsteigen und hierdurch die Angstanfälle reduzieren.

Im Weitern käme es dann zu einer Generalisierung der Angst, was bedeutet, dass immer mehr Situationen, die etwas mit Angst zu tun haben, mit dem Bewältigungsmechanismus Vermeidung gemeistert werden. Dies führt wiederum zu einem immer kleiner werdenden Handlungsspielraum der betroffenen Person.

Moderne Lerntheorien (z. B. Vulnerabilitäts-Stress-Modell)

Moderne Lerntheorien favorisieren komplexe Modellvorstellungen, in denen frühes soziales Lernen und individuelles Temperament mit einbezogen werden, ebenso wie die Folgen der Erfahrung mit stressvollen Ereignissen. Zahlreiche Kontextvariablen, während und nach negativen Life-Events, bestimmen die Entstehung und den Verlauf einer Angststörung.

14.3 Wie kann ich mit Angst umgehen?

Der Umgang mit einer Angststörung kann für jeden Menschen, unabhängig von ihrer beruflichen Position, eine Herausforderung sein. Für eine in der Öffentlichkeit stehende oder sonstig besonders exponierte Person oder ein Manager können die Auswirkungen einer Angststörung jedoch besonders belastend sein, da sie hohe Verantwortung, Stress und Reisen mit sich bringen. Hier sind einige Schritte, die eine Person oder ein Manager in dieser Position unternehmen kann, um mit einer Angststörung umzugehen:

Professionelle Hilfe suchen: Der erste Schritt sollte darin bestehen, professionelle Hilfe von einem Psychiater oder Psychologen in Anspruch zu nehmen. Diese Fachleute können bei der Diagnose und Behandlung von Angststörungen helfen. Die Behandlung kann Verhaltenstherapie, Medikamente oder eine Kombination aus beidem umfassen.

Selbstfürsorge: Selbstfürsorge ist entscheidend. Diese beinhaltet eine gesunde Lebensweise mit ausreichend Schlaf, regelmäßiger Bewegung und einer ausgewogenen Ernährung. Darüber hinaus können Entspannungstechniken wie Meditation, Yoga oder Atemübungen helfen, Stress abzubauen.

Stressmanagement: Manager sollten lernen, mit Stress umzugehen. Dies kann den Einsatz von Zeitmanagementtechniken, Delegieren von Aufgaben und die Priorisierung von Aufgaben einschließen. Ebenso ist es wichtig, sich Pausen und Auszeiten zu gönnen.

Offene Kommunikation: Wenn der Betroffene sich wohl dabei fühlt, sollte er aeine Angststörung mit seinem Vorgesetzten und seinem Team teilen. Offene Kommunikation kann das Verständnis und die Unterstützung fördern. In einigen Fällen können Arbeitgeber auch Anpassungen vornehmen, um die Belastung zu verringern.

Strategien für Reisen entwickeln: Wenn Reisen ein wesentlicher Bestandteil der Arbeit ist, sollten Strategien entwickelt werden, um damit umzugehen. Dies kann die Planung von Reisen mit ausreichendem Zeitpuffer und die Vermeidung unnötiger Reisen einschließen.

Netzwerk und Unterstützung: Unterstützung in Form von Freunden, Familie oder Kollegen zu suchen kann enorm weiterhelfen und entlasten. Ein starkes soziales Netzwerk kann dazu beitragen, den emotionalen Druck zu reduzieren und den Umgang mit einer Angststörung zu erleichtern.

Akzeptanz und Geduld: Es ist wichtig, sich selbst zu akzeptieren und Geduld mit sich selbst zu haben. Eine Angststörung ist behandelbar, aber der Heilungsprozess kann Zeit in Anspruch nehmen.

Krisenplanung: Insbesondere Führungspersönlichkeiten sollten sich einen Plan für den Umgang mit akuten Angstzuständen am Arbeitsplatz erstellen. Dies könnte den Zugang zu Notfallkontakten oder bewährten Strategien zur Stressbewältigung beinhalten.

Es ist wichtig zu verstehen, dass eine Angststörung behandelbar ist und dass viele Menschen, einschließlich besonders in der Öffentlichkeit stehende und exponierte Personen wie auch Manager, erfolgreich damit umgehen. Die Bereitschaft, professionelle Hilfe in Anspruch zu nehmen und die genannten Strategien anzuwenden, kann dabei helfen, die Auswirkungen der Angststörung zu minimieren und die berufliche Leistung und Lebensqualität zu verbessern.

Literatur

Dornes, M. (1995): Gedanken zur frühen Entwicklung und ihre Bedeutung für die Neurosenpsychologie. In: Forum der Psychoanalyse 11, S. 27–49.

Kessler R.C., Berglund P., Demler O., Jin R., Merikangas K.R., Walters E.E. (2005). Lifetime prevalence and age-of-onset distributions of DSM-IV disorders in the National Comorbidity Survey Replication. Arch Gen Psychiatry. 2005 Jun;62(6):593–602. https://doi.org/10.1001/archpsyc.62.6.593. Erratum in: Arch Gen Psychiatry. 2005 Jul;62(7):768. Merikangas, Kathleen R [added]. PMID: 15939837.

Kessler R.C., Chiu W.T., Demler O., Merikangas K.R., Walters E.E. (2005). Prevalence, severity, and comorbidity of 12-month DSM-IV disorders in the National Comorbidity Survey Replication. Arch Gen Psychiatry. 2005 Jun;62(6):617–27. https://doi.org/10.1001/archpsyc.62.6.617.

Erratum in: Arch Gen Psychiatry. 2005 Jul;62(7):709. Merikangas, Kathleen R [added]. PMID: 15939839; PMCID: PMC2847357

McNally, R. F., Reese, H. E. (2009). Information-processing approaches to understanding anxiety disorders. In M. M. Antony & M. B. Stein (Eds.), Oxford handbook of anxiety and related disorders (pp. 136–152). Oxford University Press. Mowrer, O. H. (1947). On the dual nature of learning—a reinterpretation of conditioning and problem solving. Harvard Educational Review, 17, 102–148.

Mowrer, O. H. (1947). On the dual nature of learning—a reinterpretation of conditioning and problem solving. Harvard Educational Review, 17, 102–148.

Mowrer, O. H. (1951). Two-factor learning theory: Summary and comment. Psychological Review, 58, 350–354.

Mowrer, O. H. (1947). On the dual nature of learning—a reinterpretation of conditioning and problem solving. Harvard Educational Review, 17, 102–148.Mowrer, O. H. (1960). Learning theory and behavior. New York: Wiley.

Seligman, M. E. P. (1970). On the generality of the laws of learning. Psychological Review, 77(5), 406–418.

Seligman, M. E. P. (1971). Phobias and preparedness. Behavior Therapy, 2(3), 307–321.

Spielberger, C. D. (1989). State-Trait Anxiety Inventory: Bibliography (2nd ed.). Palo Alto, CA: Consulting Psychologists Press.

Spielberger, C. D., Gorsuch, R. L., Lushene, R., Vagg, P. R., Jacobs, G. A. (1983). Manual for the State-Trait Anxiety Inventory. Palo Alto, CA: Consulting Psychologists Press.

Warwitz, S. A. (2016). Das Feld der Angstgefühle. In: Ders.: Sinnsuche im Wagnis. Leben in wachsenden Ringen. 2., erw. Auflage. Baltmannsweiler: Verlag Schneider. ISBN 978-3-8340-1620-1.

Wittchen, H. U., Bullinger-Naber, M., Hand, I., Kasper, S., Katschnig, H., Linden, M., Margraf, J., Möller, H.-J., Naber, D., Pöldinger, W. (1995). Hexal-Ratgeber Angst. Angsterkrankungen, Behandlungsmöglichkeiten. Basel: Karger.

Wittchen, H. U. et al. (2001a). Prävalenz und Korrelative. Generalisierte Angststörungen in der Allgemeinarztpraxis. Fortschritte der Medizin, Sonderheft I, 17–25.

Wittchen, H. U., Hoyer, J. (2001). Generalized anxiety disorder: Natural and course. Journal of Clinical Psychiatry, 62 (Suppl. 11), 15–20.

Wittchen, H. U. et al. (2001). Prävalenz und Korrelative. Generalisierte Angststörungen in der Allgemeinarztpraxis. Fortschritte der Medizin, Sonderheft I, 17–25.

Wittchen, H. U., Perkonigg, A. (1993). Panikattacken mit frühem und spätem Beginn: Unterschiedliche pathogenetische Mechanismen? Verhaltenstherapie, 3, 296–303.

Wittchen, H. U., Perkonigg, A. (1996). Epidemiologie psychischer Störungen. Grundlagen, Häufigkeit, Risikofaktoren und Konsequenzen. In A. Ehlers & K. Hahlweg (Hrsg.), Grundlagen der Klinischen Psychologie (Enzyklopädie der Psychologie, Serie „Klinische Psychologie", Band 1) (S. 69–144). Göttingen: Hogrefe.

von Salisch, M. (Hrsg.) (1988). Gesichtsausdruck und Gefühl: 20 Jahre Forschung von Paul Ekman, übersetzt von Maria von Salisch. Paderborn: Junfermann. ISBN 3-87387-280-3.

Wolpe, J. (1961). The systemic desensitization treatment of neuroses. The Journal of Nervous and Mental Diseases, 132 (3), 189–203.

Jacobson, E. (1990). Entspannung als Therapie. Progressive Relaxation in Theorie und Praxis. Pfeiffer, München.

Depression

15.1 Was ist eine Depression?

Depressionen stellen eine sehr heterogene Gruppe an Erkrankungen dar. Der große Überbegriff, unter den die Depressionen fallen, ist das Dach der „affektiven Störungen".

Unterscheidungen innerhalb der Diagnosegruppe Depression gibt es anhand der jeweiligen depressiven Beschwerden und des Verlaufs.

Die Depression als eigene Diagnose, zählt zu der am längsten bekannten psychischen Erkrankung überhaupt und wurde bereits von Hippokrates (5. Jhd. v. Chr.) mit dem Begriff „Melancholie" erwähnt.

Depressionen sind zudem auch eine der häufigsten Erkrankungen. Man geht davon aus, dass ca. jede vierte Frau und jeder achte Mann einmal im Laufe des Lebens an einer Depression erkrankt. Frauen sind damit doppelt so häufig betroffen wie Männer. Eine Depression kann in jedem Alter auftreten, da die Erkrankung alle Altersgruppen betrifft.

Treten bei einer betroffenen Person Symptome einer Depression auf, sprechen wir zunächst von einem depressiven Syndrom. Durch genaue Anamnese kann dann davon ausgehend geklärt werden, welche der im Diagnosekassifikationssystem ICD-11 vorhandenen Diagnosen denn zutreffend ist.

Schweregrad

Eine Depression kann in unterschiedlicher Stärke ausgeprägt sein. Gemeint damit ist, wie viele verschiedene Symptome vorhanden sind. Je nach deren Anzahl wird dann in die Kategorien, bzw. Schweregrade, leichte, mittelgradige oder schwere depressive Episode unterteilt.

© Der/die Autor(en), exklusiv lizenziert an Springer Fachmedien Wiesbaden GmbH, ein Teil von Springer Nature 2024
S. J. Matten und M. J. Pausch, *Depression, Trauma und Ängste*,
https://doi.org/10.1007/978-3-658-43966-8_15

Depressionsverlauf

Viele Menschen leiden an einer rezidivierenden Depression, was bedeutet, dass sie immer wieder in ihrem Leben Phasen haben, in denen eine depressive Episode auftritt. In welcher Stärke die Symptome dann jeweils auftreten, wie lange die Depression anhält und welche Beschwerden im Vordergrund stehen, kann sich von depressiver Episode zu depressiver Episode ändern.

Liegt oder lag eine Depression vor und es gab sonst keine früheren Episoden, spricht man von einer depressiven Episode. Gab es aber schon eine oder mehrere depressiven Episoden im Leben, nennt man die eine rezidivierende depressive Störung.

Mit oder ohne Manie

Zu den affektiven Störungen gehören neben den Depressionen auch die Manien, sowie die sogenannten bipolaren Störungen, also jene Erkrankungen, bei denen es zu Depressionen und Manien kommt.

Als Manie wird ein Zustand bezeichnet, bei dem es zu einer situationsinadäquaten Steigerung der Stimmung und des Antriebs kommt. Zudem können eine Überaktivität, ein hoher Rededrang und ein reduzierter Schlafbedarf auftreten. Häufig zeigen Betroffene eine Selbstüberschätzung, geben sehr viel Geld aus, zeigen Größenideen und haben Schwierigkeiten Aufmerksamkeit und Konzentration zu halten.

Manien können als alleiniges Syndrom auftreten. Treten sie zusammen mit Depressionen auf, so spricht man von einer bipolaren Störung. Die veraltete Bezeichnung hierfür ist „manisch-depressive Krankheit". Meist treten bei einer bipolaren Erkrankung die Manien getrennt von den Depressionen auf. Die Betroffenen haben also entweder mit einer Manie oder mit einer Depression zu kämpfen. In seltenen Fällen treten sogenannte gemischte Episoden auf, bei denen zeitgleich sowohl depressive als auch manische Symptome vorhanden sind.

Kommt es zu einer Depression und es ist eine Manie in der Vorgeschichte bekannt, so spricht man von einer bipolaren Depression. Sind keine bekannt, so von einer unipolaren Depression.

Körperliche Erkrankungen

Kommt es zum Auftreten von depressiven Symptomen sollte immer und unter allen Umständen eine körperliche Basisdiagnostik durchgeführt werden (mindesten eine ausführliche ärztliche Anamnese, eine körperliche Untersuchung und eine Blutuntersuchung; zudem sollte ein EEG, ein EKG und eine Bildgebung des Gehirns durchgeführt werden). Es gibt eine Reihe von körperlichen Erkrankungen, welche mit einer depressiven Symptomatik einhergehen. In solchen Fällen muss natürlich zunächst die körperliche Erkrankung behandelt werden.

Körperliche Erkrankungen, die mit einer depressiven Symptomatik einhergehen können, sind

- Infektionen, z. B. Mononukleose, Influenza
- Herz-Kreislauferkrankungen, z. B. Schlafapnoe, Herzinsuffizienz
- „Tumorerkrankungen", sogenannte Neoplasien, z. B. Leukämie, Hirntumor
- Störungen im Hormonhaushalt, z. B. Schilddrüsenunterfunktion, Diabetes mellitus
- Metabolische Erkrankungen, z. B. Vitamin-B12-Mangel, Folsäuremangel, Leberinsuffizienz
- Hirnerkrankungen, z. B. Epilepsie, Morbus Parkinson, Multiple Sklerose

Depression als Nebenwirkung von Medikamenten und Drogen
Nicht nur körperliche Erkrankungen können mit einer Depression einhergehen, sondern auch die Einnahme von Medikamenten und Drogen kann dazu führen. Aufgrund dessen ist es von zentraler Bedeutung, dass im Rahmen einer guten Depressionsdiagnostik auch alles Medikamente mit erhoben werden und nach dem Konsum von Drogen gezielt gefragt wird.

Die Medikamente und Drogen, welche am häufigsten eine Depression bedingen können sind

- Orale Verhütungsmittel
- Antibiotika
- Zytostatika
- Blutdruckmedikamente (sog. Antihypertensiva), z. B. Propanolol, Metoprolol, Reserpin
- Kortisonpräparate (sog. Kortikosteroide)
- Psychopharmaka, z. B. Benzodiazepine
- Alkohol
- Morphin
- Absetzten von z. B. Nikotin, Koffein, Kokain

Risikofaktoren für eine depressive Störung:

- Frühere depressive Episoden
- Bipolare oder depressive Störungen in der Familiengeschichte
- Suizidversuche in der eigenen Vor- oder der Familiengeschichte
- Somatische und psychische Erkrankungen
- Substanzmissbrauch bzw. Substanzabhängigkeit
- Aktuell belastende Lebensereignisse
- Mangel an sozialer Unterstützung

Symptome einer Depression
Die zwei Hauptsymptome einer Depression sind eine fast täglich gedrückte Stimmung und Interessenlosigkeit. Begleitet werden diese von weiteren Symptomen, aus dem Bereich

Gedanken, Verhalten und Neurovegetativum. Diese Nebensymptome sind eine Antriebs-
minderung oder -steigerung, Konzentrationsschwierigkeiten, ein vermindertes Selbstwertgefühl, bzw. -vertrauen, das Gefühl der Wertlosigkeit und unangemessener Schuld, einer
Hoffnungslosigkeit, sowie negativer Zukunftsperspektiven und Gedanken an den Tod oder
Selbstmord.

Kommt es zu den Haupt- und Nebensymptomen über mindestens zwei Wochen, kann
man von einer depressiven Episode sprechen.

ICD-11: depressive Episode (nach WHO ICD-11)

Hauptsymptome	Nebensymptome
Fast täglich gedrückte Stimmung	Antriebsminderung
	Antriebssteigerung
	Konzentrationsschwierigkeiten
	Vermindertes Selbstwertgefühl/-vertrauen
	Gefühl der Wertlosigkeit/unangemessene Schuld
	Hoffnungslosigkeit
Interessenlosigkeit	Negative Zukunftsperspektive
	Gedanken an den Tod oder Selbstmord
	Veränderung in Appetit/Schlaf/Libido
	Psychomotorische Agitation
	Psychomotorische Verlangsamung
	Verminderte Energie Müdigkeit

15.2   Modelle der depressiven Störung

15.2.1 Lewinsohn Verstärker-Verlust-Modell

Peter M Lewinsohn, ein US-amerikanischer Psychologe, veröffentlichte 1974 ein Buch
mit dem Titel „A behavioral Approach to Depression" (Lewinsohn 1974). Hierin stellte er
ein Modell vor, wie es zur Entwicklung und Aufrechterhaltung einer Depression kommt.
Die theoretische Basis, auf der dieses Modell steht, ist die Lerntheorie der operanten
Konditionierung, also des Lernens am Erfolg. Seine Theorie wurde im deutschsprachigen
als „Verstärker-Verlust-Modell" bekannt, wohingegen im englischsprachigen Raum eher
von „Lewinsohn's depression model" gesprochen wird.

Dieses Modell beruht auf der Annahme, dass der Verlust von Verstärkern für das Entstehen einer Depression eine entscheidende Rolle spielt. Als Verstärker werden hierbei

„Belohnungen" im weitesten Sinne verstanden. Sie treten nach einem bestimmten Verhalten einer Person auf und führen bei dieser zu einem angenehmen und positiven Zustand. Fallen nur Verstärker weg, so führt dies dazu, dass die betroffene Person sich unwohler, trauriger und depressiver fühlt. Hält der Verlust des Verstärkers an, wird auch die entsprechende Befindlichkeit anhalten und zu einer Resignation führen. Durch diese Resignation kommt es zu weiteren Verhaltensänderungen, die zur Folge haben, dass noch mehr Verstärker ausbleiben. Die Stimmung sinkt damit noch mehr ab und die Resignation nimmt zu. Setzt sich dieser Verlauf so fort, kann es zu einem Teufelskreis kommen.

Der Verlust eines Verstärkers kann z. B. der Tod eines Angehörigen sein, die Trennung von einer wichtigen Bezugsperson, Zurückweisung und Kränkung, aber auch Verluste auf materieller Ebene.

Vor allem soziale Verstärker, also z. B. Anteilnahme durch Andere, getröstet werden, spielen eine zentrale Rolle. Kommt es nach einem erlebten Verlust bei der betroffenen Person zu einer situationsadäquaten und normalen Trauerreaktion/depressiven Reaktion, reagiert das Umfeld meist, auch situationsadäquat, mit Zuwendung, Trost und Empathie. Die emotionale, kognitive und körperliche Reaktion, welche durch einen Verlust bei den Betroffenen ausgelöst werden, können also auch als eine, das Helfersystem aktivierende, Reaktion verstanden werden, die helfen, dass es zu Unterstützung und Hilfe kommt und so eine bessere Überwindung des Verlustes möglich wird.

Persistieren die depressiven Verlustreaktion aber, so ändert sich meist auch die Reaktion des Umfeldes. Es zieht sich mehr von der betroffenen Person zurück, es zeigt weniger Anteilnahme, weniger Trost und weniger Empathie. Diese veränderte Reaktion im Umfeld wird nun wiederum als ein erneuter Verlust erlebt.

15.2.2 Kognitive Modelle

Parallel zu Lewinsohn Verstärkerverlust-Modell entwickelten sich auch Erklärungsversuche der Depression, welche die Gedanken in den Fokus rücken.

Modell der erlernten Hilflosigkeit
Martin E. P. Seligman prägte zusammen mit seinen Mitarbeiter:innen in den 1960er- Jahren den Begriff „erlernte Hilflosigkeit" (Seligman 1975).

In Tierexperimenten konnte gezeigt werden, dass Tiere, wenn sie durch planvolles Handeln Schmerz entgehen können, deutlich weniger belastet auf ihn reagieren. Ist der Schmerz aber willkürlich und die Tiere haben keine Möglichkeit, durch gezieltes Verhalten ihm zu entgehen, so sind sie deutlich stärker beeinträchtigt und dies, obwohl der Schmerz in Bezug auf Intensität und Dauer, genauso stark war. Tiere, welche länger einem solchen willkürlichen Schmerzreiz ausgesetzt waren, zeigten eine ausgeprägte Resignation und Verhaltensweisen, die denen einer Depression entsprachen.

Im Modell der erlernten Hilflosigkeit wird davon ausgegangen, dass der zentrale Punkt bei einer Depression die Nichtkontrollierbarkeit von unangenehmen Reizen ist. Diese Reize stellen zwar an sich etwas sehr Unangenehmes dar, allerdings werden die seelischen Folgen nicht durch sie selbst bedingt, sondern durch das Erleben, das sie für die betroffene Person unkontrollierbar sind.

In weiteren Untersuchungen bei Menschen konnte gezeigt werden, dass es nicht nur zum Erleben von Hilflosigkeit in der konkreten Situation kommt, sondern auch, dass dieses dazu führt, dass die Erwartung, in künftigen, ähnlichen Situationen auch hilflos zu sein, entsteht. In den betroffenen Personen entsteht neben der Hilflosigkeit auch eine Hoffnungslosigkeit.

Die Theorie der erlernten Hilflosigkeit wurde im weiteren Verlauf dann auch noch um den Aspekt der Kausalattribution, also der Zuschreibung der Ursache der Hilflosigkeit ergänzt. Es werden grob drei Stile der Attribution unterschieden.

- Internale vs. Externale Attribution: liegt die Ursache der Hilflosigkeit in mir oder im außen („Liegt es nur an mir, oder könnte keiner in dieser Situation etwas ändern?").
- Globale Attribution: Die Hilflosigkeit wird als allgegenwärtig gesehen und nicht auf eine bestimmte Situation beschränkt.
- Permanente Attribution: Die Hilflosigkeit wird als dauerhaft und nicht als vorübergehend angesehen.

In den 1990er-Jahren zeigten dann mehrere Studien, dass depressive Menschen nicht grundsätzlich einen pessimistischen Attributionsstil hatten, sondern zum Teil viel realistischere Einschätzungen vornahmen als nichtdepressive. Andy Krüger, ein ehemaliger deutscher Sportler und Professor an der Universität Göttingen sagte dazu, dass Depressive trauriger, aber weiser („sadder but wiser") wären.

Ziel einer Psychotherapie nach der Hypothese der erlernten Hilflosigkeit wäre es also, die betroffenen Personen wieder in den Zustand zu bekommen, dass sie ihre Umwelt und Probleme als bewältigbar erleben.

Kognitive Therapie

Aaron T. Beck, ein amerikanischer Psychiater und Psychotherapeut, der als Vater der kognitiven Verhaltenstherapie gilt und im Jahr 2021 im Alter von 100 Jahren verstorben ist, entwickelte Ende der 1950er-, Anfang der 1960er-Jahre des letzten Jahrhunderts das kognitive Depressionsmodell (Beck et al. 1979).

Allen kognitiven Modellen ist gemein, dass sie davon ausgehen, dass kognitive Vorgänge zentral beeinflussen, wie wir uns und die Welt erleben, wir uns fühlen und wie wir uns verhalten. Als kognitive Vorgänge werden dabei subjektive Grundüberzeugungen und Einstellungen verstanden, wie z. B. „Ich bin ein Versager.".

Aaron T. Beck stellt nun bei seinem Modell zur Depression diese kognitiven Vorgänge in den Mittelpunkt.

Jeder Mensch entwickelt im Laufe seines Lebens aufgrund von wiederkehrenden oder sehr emotionalen Lernerfahrungen bestimmte gedankliche Muster, sogenannte kognitive Schemata. Diese beeinflussen, wie wir wahrnehmen, wie wir uns fühlen und wie wir uns verhalten. Sind diese kognitiven Schemata zweckmäßig und führen dazu, dass der jeweilige Mensch ein zufriedenes und glückliches Leben führen kann, dann bezeichnen wir sie als funktionale kognitive Schemata.

Bei depressiven Menschen ist es nun zur Entwicklung von kognitiven Schemata gekommen, die einem zufriedenen und glücklichen Leben im Weg stehen können. Kommen sie in eine Lebenslage, die jenen Bedingungen, in denen die Schemata entstanden sind, ähnlich sind, werden sie aktiv. Und beeinflussen das Denken, das Fühlen und das Verhalten. Die Schemata äußern sich dann in bestimmten Situationen als negative automatische Gedanken, sowie in einer verzerrten Wahrnehmung und Interpretation.

Das Denken depressive Menschen ist nach Aaron Beck vor allem in drei Bereichen betroffen (sogenannte „kognitive Triade", Butcher et al.2009):

- Selbstbild
- Weltbild
- Zukunftsbild

Depressive Menschen haben einen negativen Blick auf sich selbst und sehen sich als unfähig, ohne Wert und voll von Fehlern.

Die Welt um sich herum erleben sie als gefährlich, voll von unüberwindbaren Schwierigkeiten und ablehnend.

Die Zukunft wird als grauenvoll gesehen, in der nichts besser werden wird, bzw. es noch schlimmer werden wird.

Die dysfunktionalen kognitiven Schemata führen zu den negativen Denkschemata in der kognitiven Triade. Diese Denkschemata äußern sich wiederum in konkreten Situationen als eine selektiv-negative Wahrnehmung und Interpretation der eigenen Person und der Umgebung. Es kommt zu automatischen Gedanken, wie z. B. „Ich bin dumm."

Diese selektive Wahrnehmung und Interpretation führen wiederum zum erneuten Gefühl von Ablehnung und Enttäuschung.

15.2.3 Biologisch-genetisches Modell

Genetik

Das Auftreten von affektiven Erkrankungen allgemein und von Depressionen speziell in der Herkunftsfamilie stellt einen Risikofaktor dar, selbst auch eine Depression oder andere affektive Störung zu erleiden.

Man geht davon aus, dass ein Verwandter ersten Grades, also Eltern oder Geschwister, mit einer unipolaren Depression, das Risiko für eine Depression um ca. 15 % erhöht. Sind sogar beide Elternteile betroffen, steigt das Risiko auch an einer Depression zu erkranken um mindestens 50 %. (DGPPN, BÄK, KBV, AWMF 2015).

Tatsächliche Gene, die zur Entwicklung einer Depression führen, konnten allerdings noch nicht identifiziert werden.

Gen-Umwelt-Interaktions-Modell

Es hat sich deshalb zunehmend ein Gen-Umwelt-Interaktions-Modell durchgesetzt. Hierbei geht man davon aus, dass es sogenannte potenzielle Vulnerabilitätsgene gibt, Gene also, die anfälliger für eine Depression machen können. Liegen diese Gene nun in einer bestimmten Anzahl vor und es kommt zusätzlich zu einer äußeren Belastung, z. B. in Form von Stress, kann es zur Entwicklung einer Depression kommen. Weder die genetische Disposition noch die Belastung allein sind also Ursache für die Depression.

Äußere Belastung und Stress führen auch dazu, dass die Transkription der DNS, also das Ablesen unseres genetischen Materials sich verändert. Diese Veränderungen werden als epigenetische Mechanismen bezeichnet.

Monoaminmangel-Hypothese

Mehr als ein halbes Jahrhundert an Forschung hat gezeigt, dass die Entstehung von depressiven Symptomen mit einer Störung im Gehirnstoffwechsel einhergeht. Die Funktion des Gehirns basiert auf der Funktion der einzelnen Gehirnzellen und deren Kommunikation untereinander. Bei dieser Kommunikation spielen Botenstoffe eine zentrale Rolle, da sie die Übertragung der Information von einer Nervenzelle zur nächsten übernehmen. Kommt es nun zur Entwicklung von depressiven Beschwerden, sind diese Botenstoffe in geringerer Menge vorhanden.

Ursprünglich wurde die Meinung vertreten, dass der Botenstoff Noradrenalin der Dreh- und Angelpunkt ist. Dies wurde als Katecholaminmangel-Hypothese bezeichnet, wobei als Katecholamine eine chemische Stoffgruppe bezeichnet wird, die aus Dopamin und seinen Abbauprodukten besteht. Im Weiteren wurde dann erkannt, dass es auch andere Botenstoffe, nämlich Serotonin und Dopamin, eine wichtige Rolle spiele. Dadurch entstand die Monoaminmangel-Hypothese. Monoamine wiederum sind nun auch wieder eine chemische Stoffgruppe, die sich im Aufbau ähnlich sind, aber eine größere Gruppe an Stoffen umfasst. Die Kernaussage dieser Hypothese ist, dass ein Abfall der Konzentration an Monoaminen, also Noradrenalin, Serotonin und Dopamin, im Gehirn, genauer gesagt im postsynaptischen Spalt, also zwischen den einzelnen Nervenzellen, zu einer depressiven Symptomatik führt.

Bei der medikamentösen Behandlung der Depression werden häufig Medikamente verordnet, welche genau auf diesen Mechanismus einwirken. Sie führen nämlich über unterschiedliche Wirkmechanismen zu einer Erhöhung der Botenstoffe im Gehirn. Auffällig hierbei ist, dass nach Beginn der Einnahme der Medikamente die Wirkung erst mit einer zeitlichen Verzögerung auftritt, nämlich frühestens zwei Wochen später. Die direkte pharmakologische Wirkung des Antidepressivums, also die Erhöhung der Botenstoffe im Gehirn, kann aber viel zeitnaher nach Einnahme nachgewiesen werden.

Es wurden deshalb im weiteren Verlauf weitere Modelle und Hypothesen aufgestellt, die z. T. die Monoaminmangel-Hypothese ausbauten. Unter anderem besteht die Hypothese, dass die Erhöhung der Botenstoffe dazu führt, dass es zu einer Veränderung der Nervenzellenfunktion kommt. Und diese Veränderung eben länger dauert.

Literatur

Lewinsohn, P. M. (1974). A behavioral approach to depression. In R. J. Friedman & M. M. Katz (Eds.), The psychology of depression: Contemporary theory and research. John Wiley & Sons.

Seligman, M. E. P. (1975). Helplessness. On Depression, Development and Death. Freeman and Comp, San Francisco 1975, ISBN 0-7167-0751-9.

Beck, A.T., Rush, A.J., Shaw B.F. & Emery, G. (1979). Cognitive therapy of depression. New York: Guilford Press. Deutsch: Kognitive Therapie der Depression (2010). Weinheim: Beltz.

Butcher, J. N., Mineka, S., Hooley, J. M. (2009). Klinische Psychologie. 13. Aufl. Pearson Studium, München 2009, ISBN 978-3-8273-7328-1, S. 299 (eingeschränkte Vorschau in der Google-Buchsuche).

DGPPN, BÄK, KBV, AWMF(2015). S3-Leitlinie/Nationale Versorgungsleitlinie Unipolare Depression - Langfassung. Hrsg.: AWMF. 2. Aufl. AWMF-Register-Nr.: nvl-005, Nr. 5, 2015, S. 24 (awmf.org [PDF]).

Hilfreiche Tools/Skills

Im Folgenden wollen wir einige potenziell hilfreiche Tools und Gedankenanstöße zur Selbsthilfe anbieten.

16.1 Dankbarkeitstagebuch

Ein Dankbarkeitstagebuch ist eine ausgezeichnete Möglichkeit, die Perspektive zu behalten und die Fokussierung auf das Positive inmitten der beruflichen Herausforderungen und des Stresses in einer Führungsposition auf internationaler Ebene zu bewahren. Hier ist, wie ein solches Tagebuch für einen Manager auf oberster Führungsebene aussehen könnte:

Wählen Sie ein Tagebuch oder eine Plattform: Sie können ein physisches Tagebuch verwenden, aber auch digitale Plattformen, Notizapps oder sogar spezialisierte Dankbarkeitsapps, die Erinnerungen und weitere Funktionen bieten.

Tägliche Einträge: Setzen Sie sich täglich einen festen Zeitpunkt, um in Ihr Dankbarkeitstagebuch zu schreiben. Dies könnte am Morgen sein, um den Tag positiv zu beginnen, oder am Abend, um den Tag abzuschließen. Schreiben Sie jeden Tag mindestens einen Eintrag auf.

Dankbarkeitslisten: Notieren Sie, wofür Sie dankbar sind. Dies können kleine oder große Dinge sein. Es könnten berufliche Erfolge, Unterstützung von Kollegen, persönliche Errungenschaften, positive Begegnungen oder Momente der Freude sein.

Details und Emotionen: Schreiben Sie nicht nur auf, wofür Sie dankbar sind, sondern auch, warum. Geben Sie Details an und drücken Sie die Emotionen aus, die

S. J. Matten und M. J. Pausch, *Depression, Trauma und Ängste*,
https://doi.org/10.1007/978-3-658-43966-8_16

mit Ihrem Dankbarkeitseintrag verbunden sind. Das hilft Ihnen, sich tiefer mit Ihrem Dankbarkeitsgefühl zu verbinden.

Herausforderungen und Lektionen: Ein Dankbarkeitstagebuch kann auch dazu dienen, Herausforderungen und Schwierigkeiten zu reflektieren. Schreiben Sie, was Sie aus schwierigen Situationen gelernt haben und wofür Sie trotzdem dankbar sein können.

Berufliche und persönliche Dimensionen: Betrachten Sie sowohl berufliche als auch persönliche Aspekte in Ihrem Dankbarkeitstagebuch. Dies hilft Ihnen, eine ausgewogene Perspektive auf Ihr Leben zu bewahren.

Gestalten Sie Ihr Tagebuch individuell: Sie können Ihr Dankbarkeitstagebuch nach Ihren Wünschen gestalten. Fügen Sie Zitate, Bilder oder Skizzen hinzu, wenn dies Ihre Kreativität und Motivation fördert.

Wöchentliche Reflexion: Jede Woche oder jeden Monat können Sie eine kurze Reflexion verfassen, in der Sie Ihre Einträge der vergangenen Zeit betrachten. Dies ermöglicht es Ihnen, Muster in Ihrer Dankbarkeit und im Leben zu erkennen.

Teilen Sie Ihre Dankbarkeit: Wenn Sie sich dazu bereit fühlen, können Sie Ihre Dankbarkeit auch mit anderen teilen. Dies könnte in Form von Dankesnotizen, Anerkennungen für Mitarbeiter oder einfach dem Ausdruck Ihrer Wertschätzung gegenüber Kollegen und Mitarbeitern erfolgen.

Kontinuität: Das Wichtigste ist, kontinuierlich an Ihrem Dankbarkeitstagebuch zu arbeiten. Selbst an stressigen Tagen kann das Erinnern an die Dinge, für die Sie dankbar sind, Ihre Stimmung und Ihre Perspektive positiv beeinflussen.

Ein Dankbarkeitstagebuch kann eine wertvolle Praxis für einen Manager auf oberster Führungsebene sein, um die emotionalen und mentalen Ressourcen aufrechtzuerhalten, die für den Erfolg in dieser anspruchsvollen Position notwendig sind. Es fördert eine positive Einstellung und hilft dabei, den Fokus auf das Gute in Ihrem Leben zu lenken.

16.2   Meditation

Meditation ist eine Praxis, die viele Vorteile für Personen in Führungspositionen bieten kann. Hier eine kurze Betrachtung der Vorteile von Meditation aus pragmatischer und wissenschaftlich fundierter Perspektive:

Stressreduktion: Meditation ist eine bewährte Methode zur Stressbewältigung. Als in der Öffentlichkeit stehende Person oder Manager ist man oft großen beruflichen Belastungen und unvorhersehbaren Herausforderungen ausgesetzt. Durch regelmäßige Meditation können Sie Stress abbauen, was sich positiv auf Ihre geistige Gesundheit und Arbeitsleistung auswirken kann. Die Stressreduktion kann dazu beitragen, Überförderungen zu verhindern und Ihre Fähigkeit zur Entscheidungsfindung zu verbessern.

Verbesserte Konzentration und Klarheit: Die Praxis der Meditation fördert die Aufmerksamkeit und geistige Klarheit. Dies ist besonders in der Geschäftswelt von Vorteil, da Sie in der Lage sein müssen, komplexe Probleme zu analysieren, Strategien zu entwickeln und klare Entscheidungen zu treffen. Meditation kann dazu beitragen, die Konzentrationsfähigkeit zu steigern und die Denkfähigkeiten zu verbessern.

Emotionale Intelligenz: Meditation fördert die emotionale Intelligenz, die in der Geschäftswelt von entscheidender Bedeutung ist. Sie lernen, Emotionen besser zu erkennen und zu kontrollieren, was die zwischenmenschliche Kommunikation und die Beziehungen zu Ihrem Team, Kunden und Kollegen verbessern kann.

Verbesserte Gesundheit: Studien (siehe auch Literaturverzeichnis) haben gezeigt, dass Meditation positive Auswirkungen auf die physische Gesundheit hat, indem sie den Blutdruck senkt, das Immunsystem stärkt und die Schlafqualität verbessert. Als Manager, der oft viel reist und unter Zeitdruck steht, kann Meditation dazu beitragen, Ihre Gesundheit zu erhalten.

1. Blutdrucksenkung: American Journal of Hypertension, 2008: Diese Studie zeigte, dass regelmäßige Transzendentale Meditation bei Hypertonie-Patienten den Blutdruck signifikant senken konnte.
2. Immunsystemstärkung: Psychosomatic Medicine, 2003: Forscher fanden heraus, dass Meditation eine signifikante Verbesserung der Immunkompetenz bei Patienten mit HIV/AIDS bewirkte.
3. Verbesserung der Schlafqualität: JAMA Internal Medicine, 2015: In dieser randomisierten klinischen Studie wurde festgestellt, dass Achtsamkeitsmeditation die Schlafqualität bei älteren Erwachsenen mit Schlafstörungen signifikant verbesserte.

Es ist wichtig zu beachten, dass die positiven Auswirkungen der Meditation auf die physische Gesundheit nicht von allen Menschen in gleicher Weise erlebt werden und von verschiedenen Faktoren abhängen können, darunter die Art der Meditation, die Häufigkeit und Dauer der Praxis sowie individuelle Unterschiede in Gesundheit und Lebensstil. Die Forschung in diesem Bereich ist jedoch vielversprechend und zeigt, dass Meditation eine wirksame Methode sein kann, um die physische Gesundheit zu fördern und verschiedene gesundheitliche Vorteile zu erzielen. Bevor Sie jedoch mit einer Meditationstechnik beginnen, ist es ratsam, mit einem Arzt oder einem qualifizierten Fachmann zu sprechen, um sicherzustellen, dass dies für Ihre individuelle Situation geeignet ist.

Kreativitätsförderung: Meditation kann die Kreativität steigern, indem sie den Zugang zu Ihrem Unterbewusstsein öffnet. Dies kann Ihnen bei der Entwicklung innovativer Lösungen für geschäftliche Herausforderungen helfen.

Bessere Entscheidungsfindung: Die Fähigkeit zur Selbstreflexion und zur Betrachtung von Situationen aus einer ruhigen, nicht reaktiven Perspektive, die durch Meditation gefördert wird, kann zu besseren Entscheidungen führen. Sie können Situationen objektiver bewerten und weniger impulsiv handeln.

Führungsfähigkeiten: Meditation kann Ihre Führungsfähigkeiten stärken, indem sie Ihre Empathie, Geduld und Ihr Verständnis für die Bedürfnisse Ihres Teams und Ihrer Stakeholder verbessert.

Es ist wichtig zu betonen, dass Meditation keine esoterische Praxis sein muss. Sie kann auf eine wissenschaftliche, evidenzbasierte Weise angegangen werden, die auf messbaren und praktischen Ergebnissen beruht. Es gibt zahlreiche Apps, Bücher und Kurse, die Ihnen helfen können, Meditation in Ihren geschäftigen Lebensstil zu integrieren, ohne viel Zeit zu beanspruchen.

Insgesamt kann Meditation als ein effektives Werkzeug zur Selbstverbesserung und zur Unterstützung Ihrer beruflichen Leistung dienen, ohne Ihre Zeit zu verschwenden oder in Esoterik abzurutschen. Es ist vielmehr eine bewährte Methode, die von vielen erfolgreichen Führungskräften weltweit genutzt wird, um ihre beruflichen und persönlichen Ziele zu erreichen.

16.3   Was sind meine Stärken?/Was habe ich schon alles überstanden?

Selbstreflexion ist ein wichtiger Teil der persönlichen Entwicklung und kann dazu beitragen, ein tieferes Verständnis Ihrer Stärken und Erfahrungen zu gewinnen. Als international auf oberster Führungsebene agierender Manager können diese Fragen dazu beitragen, Ihr Selbstbewusstsein zu stärken und Selbstzweifel zu überwinden. Hier ist eine Schritt-für-Schritt-Anleitung, wie Sie sich selbst diese Fragen beantworten können:

Schritt 1: Nehmen Sie sich Zeit für die Selbstreflexion.

Finden Sie einen ruhigen Ort, an dem Sie ungestört nachdenken können. Schalten Sie Ihr Telefon und andere Ablenkungen aus und nehmen Sie sich Zeit für diese wichtige Selbstreflexion.

Schritt 2: Was sind meine Stärken?

Denken Sie über Ihre beruflichen und persönlichen Stärken nach. Betrachten Sie sowohl harte Fähigkeiten (z. B. Fachkenntnisse, technische Fähigkeiten) als auch weiche Fähigkeiten (z. B. Kommunikation, Führungsfähigkeiten). Fragen Sie sich:

Was sind die Fähigkeiten, die ich am meisten schätze und die mir in meiner Karriere geholfen haben?

Welche positiven Eigenschaften und Charakterzüge zeichnen mich aus?

In welchen Situationen habe ich herausragende Leistungen erbracht?

Schritt 3: Was habe ich schon alles überstanden?

Betrachten Sie Ihre Lebens- und Karrieregeschichte und denken Sie über die Herausforderungen nach, die Sie bereits gemeistert haben. Fragen Sie sich:

Welche schwierigen beruflichen Situationen oder Hindernisse habe ich in der Vergangenheit erfolgreich bewältigt?

Welche persönlichen Rückschläge oder Krisen habe ich überwunden?

An welche Momente des Stolzes und der Erfüllung in meinem Leben und meiner Karriere erinnere ich mich?

Schritt 4: Sammeln Sie Beispiele.

Denken Sie an konkrete Beispiele aus Ihrer Vergangenheit, die Ihre Stärken und Überwindungsfähigkeit unterstreichen. Diese Beispiele können in verschiedenen Lebensbereichen stattgefunden haben, sei es im Beruf, in persönlichen Beziehungen oder anderen Lebenssituationen.

Schritt 5: Schreiben Sie Ihre Antworten auf.

Halten Sie Ihre Gedanken in einem Tagebuch oder auf Papier fest. Das Aufschreiben kann Ihnen helfen, Ihre Gedanken zu klären und sich besser zu erinnern.

Schritt 6: Betrachten Sie Ihr persönliches Wachstum.

Nachdem Sie Ihre Stärken und Überwindungen reflektiert haben, betrachten Sie Ihr persönliches Wachstum im Laufe der Zeit. Beachten Sie, wie Sie sich entwickelt haben und wie Sie stärker und widerstandsfähiger geworden sind.

Schritt 7: Nutzen Sie diese Erkenntnisse.

Verwenden Sie Ihre Erkenntnisse, um Ihr Selbstbewusstsein zu stärken und sich in schwierigen Situationen daran zu erinnern, dass Sie bereits viel erreicht und überwunden haben. Dies kann Ihnen helfen, Selbstzweifel zu überwinden und motiviert und zuversichtlich zu bleiben.

Selbstreflexion ist ein kontinuierlicher Prozess, der Ihnen helfen kann, Ihre Stärken und Erfahrungen besser zu verstehen. Diese Erkenntnisse können Ihnen nicht nur bei der Bewältigung von Ängsten und Unsicherheiten helfen, sondern auch bei der weiteren Entwicklung Ihrer beruflichen und persönlichen Fähigkeiten.

EMDR (Eye Movement Desensitization and Reprocessing)

EMDR (Eye Movement Desensitization and Reprocessing) ist eine psychotherapeutische Methode, welche ursprünglich zur Behandlung der posttraumatischen Belastungsstörungen (PTBS) entwickelt wurde. Francine Shapiro hat in den späten 1980er-Jahren erstmalig diese Behandlungsmethode beschrieben. EMDR stellt eine sehr wirksame Methode zur Verarbeitung traumatischer Erlebnisse und zur Reduzierung von psychischem Stress und Angst dar.

Mittlerweile wird EMDR nicht nur bei der Behandlung von posttraumatischen Belastungsstörungen eingesetzt, sondern auch sehr erfolgreich bei Depressionen, Ängsten und Schmerzstörungen.

EMDR ist eine therapeutische Methode, die in mehreren Phasen strukturiert ist und auf bilateraler Stimulation des Gehirns basiert. Die Phasen des EMDR-Verfahrens umfassen:

Anamnese und Behandlungsplanung: In dieser Phase erfolgt eine ausführliche Anamnese, um die spezifischen Symptome, traumatischen Ereignisse und Ziele der Patient:innen zu verstehen. Auf dieser Grundlage wird ein individueller Behandlungsplan entwickelt.

Vorbereitung: Die Therapeut:innen erklären den Patient:innen die EMDR-Technik und ermutigt, Gedanken und Gefühle während der Sitzungen zu beobachten und ungefiltert mitzuteilen.

Desensibilisierung: Während dieser Phase werden die Patient:innen aufgefordert, sich auf ein belastendes Trauma oder eine belastende Erinnerung zu konzentrieren, während gleichzeitiger bilateraler Stimulation. Dies kann durch das Bewegen der Augen der Patient:innen von einer Seite zur anderen, akustischen Stimulation oder taktile Stimulation erfolgen.

S. J. Matten und M. J. Pausch, *Depression, Trauma und Ängste*, https://doi.org/10.1007/978-3-658-43966-8_17

Installation: In dieser Phase werden positive Gedanken, Gefühle und Überzeugungen eingeführt und mit der traumatischen Erinnerung assoziiert, um die emotionalen Reaktionen zu modifizieren.

Körperliche Entspannung: Die Patient:innen werden angeleitet, Körperentspannungstechniken anzuwenden, um die psychische Belastung zu reduzieren.

Abschließende Phase: In dieser Phase werden die weiteren Schritte oder Sitzungen geplant.

Ziel von EMDR ist es, die Verarbeitung und Integration traumatischer Erinnerungen zu fördern und die psychischen Belastungssymptome zu reduzieren. Durch die bilaterale Stimulation des Gehirns wird der Zugang zu traumatischen Erinnerungen erleichtert und deren emotionale Intensität abgemildert. Die Methode kann dazu beitragen, negative Überzeugungen zu verändern und das psychische Wohlbefinden des Patienten zu verbessern.

EMDR hat sich als wirksam bei der Behandlung von PTBS und anderen psychischen Gesundheitsproblemen erwiesen, obwohl die genaue Funktionsweise immer noch nicht vollständig verstanden ist. Die Methode wird von qualifizierten Therapeut:innen und Psycholog:innen angewendet und erfordert spezielle Schulung und Zertifizierung.

Prophylaxe und Enhancement

Die Prophylaxe und Enhancement (Verbesserung) der Stressbewältigung für insbesondere auf Führungsebene agierende Manager und andere exponierte Personen erfordert eine umfassende und ausgewogene Herangehensweise, die auf präventiven Maßnahmen sowie auf der Stärkung von Ressourcen und Fähigkeiten basiert. Hier einige Vorschläge, die Prophylaxe und Enhancement von Stressmanagement für diese Zielgruppe adressieren:

I. Präventive Maßnahmen:

Stressbewusstsein schaffen:

Sensibilisierung für die Anzeichen von Stress und Überforderung: Führungskräfte sollten geschult werden, um Stresssymptome bei sich selbst und ihren Teams zu erkennen und angemessen darauf zu reagieren.

Stressprävention im Unternehmen:

Führungsprinzipien etablieren, die eine ausgewogene Arbeitsbelastung und einen gesunden Lebensstil fördern.

Flexible Arbeitszeiten und Arbeitsplatzgestaltung, um die Balance zwischen beruflichen und persönlichen Anforderungen zu unterstützen.

Stressmanagement-Programme:

Schulungen und Workshops zur Stressbewältigung anbieten, die Stressbewältigungstechniken und Achtsamkeit fördern.

Psychologische Sicherheit:

Eine Unternehmenskultur schaffen, in der Mitarbeiter offen über Stress und psychische Gesundheit sprechen können, ohne Stigmatisierung zu befürchten.

Pausen und Erholungszeiten:

S. J. Matten und M. J. Pausch, *Depression, Trauma und Ängste*,
https://doi.org/10.1007/978-3-658-43966-8_18

Führungskräfte ermutigen, Pausen und Erholungszeiten in ihren Arbeitsalltag zu integrieren und den Wert von Erholung betonen.

II. Enhancement-Maßnahmen:

Stressbewältigungstechniken:

Schulung der Führungskräfte in verschiedenen Stressbewältigungstechniken wie Atemübungen, Meditation und progressiver Muskelentspannung.

Achtsamkeitstraining:

Achtsamkeit fördert das Bewusstsein im Moment und kann dazu beitragen, Stress zu reduzieren. Manager sollten Achtsamkeitspraktiken wie Meditation und Achtsamkeitsübungen in ihren Alltag integrieren.

Resilienztraining:

Führungskräfte sollten in Programmen zur Steigerung der psychischen Widerstandsfähigkeit geschult werden, um besser mit Belastungen und Herausforderungen umgehen zu können.

Gesunde Lebensführung:

Führungskräfte ermutigen, gesunde Ernährung, Bewegung und ausreichenden Schlaf in ihren Lebensstil zu integrieren.

Schulung der Manager in effektiver Kommunikation und Konfliktlösung, um Stress in beruflichen Beziehungen zu minimieren.

Beratung und Coaching:

Zugang zu psychologischer Beratung und Coaching für Manager anbieten, um bei der Bewältigung von berufsbedingtem Stress und persönlichen Herausforderungen zu helfen.

Berufliche Unterstützung und Delegation:

Manager bei der Delegation von Aufgaben und der effizienten Bewältigung beruflicher Anforderungen unterstützen.

Gemeinschaft und Peer-Unterstützung:

Stressresistente Kommunikation:

Die Bildung von Unterstützungsgruppen oder Peer-Mentoring-Netzwerken für Führungskräfte, in denen sie Erfahrungen austauschen und sich gegenseitig unterstützen können.

III. Kontinuierliche Bewertung und Anpassung:

Regelmäßige Bewertung der Wirksamkeit von Prophylaxe- und Enhancement-Maßnahmen durch Umfragen, Feedback von Mitarbeitern und Leistungsbewertungen.

Kontinuierliche Anpassung der Programme und Maßnahmen auf der Grundlage der gesammelten Daten.

Die Implementierung dieser Prophylaxe- und Enhancement-Maßnahmen erfordert die Unterstützung und das Engagement des Unternehmens und der Führungskräfte. Das Ziel ist es, eine Arbeitsumgebung zu schaffen, die die psychische Gesundheit fördert und den Umgang mit Stress auf nachhaltige Weise unterstützt. Dies ist nicht nur für das Wohlbefinden der Manager und exponierten Personen von Vorteil, sondern trägt auch zur Steigerung der Effizienz und Produktivität im Unternehmen bei.

Was allgemein hilft sind oftmals die einfachen Dinge – machen Sie sich diese bewusst:

- Essen
- Bewegung
- Schlafen
- Work-Life-Balance
- Take care of you – eigene Interessen verfolgen
- Take care your beloved ones – kümmere Dich um dein Umfeld
- Enjoy your relationsships
- Setze Dich mit Dir selbst auseinander und akzeptiere Dich
- Think big – setze Dir große Ziele
- Have fun!

Mit einer Stress-Spektrum-Störung umgehen 19

Der Begriff der Stress-Spektrum-Störung fasst alle in den vorangegangenen Kapiteln ausgeführten körperlichen Sensationen und psychologischen Ereignisse wertungsfrei und neutral zusammen. Ob nun ausgelöst durch Stress oder durch diesen verstärkt, macht dabei erst einmal keinen Unterschied. Der relevante Aspekt ist das Verständnis und die Frage nach dem möglichst optimalen Umgang damit. Stress zu haben ist ein gewöhnlicher Vorgang und somit kontrollierbar.

Die vorangegangenen Ausführungen und Beispiele könnten Ihnen vielleicht geholfen haben ein besseres Verständnis für die psychologischen Dynamiken zu entwickeln, die den diversen Spielarten der Stress-Spektrum-Störungen zugrunde liegen. Der Umgang mit etwa einer Angststörung oder einer Depression in einer Position als international tätiger Top-Manager auf oberster Führungsebene, auf der das Zeigen von Schwäche unter allen Umständen vermieden werden sollte, kann allerdings eine besondere Herausforderung sein. Hier sind einige Schritte, die Ihnen helfen könnten, auch mit einer solchen Situation umzugehen:

Selbstmanagement: Lernen Sie, Ihre Angst zu erkennen und zu verstehen. Notieren Sie, in welchen Situationen sie auftritt und welche Gedanken oder Trigger damit verbunden sind. Dies kann Ihnen helfen, die Muster zu identifizieren und gezielt daran zu arbeiten.

Stressbewältigungstechniken: Versuchen Sie Stressbewältigungstechniken wie Atemübungen, Meditation oder Yoga. Diese können dazu beitragen, Ihre Angstsymptome zu lindern und Ihre emotionale Stabilität zu verbessern.

S. J. Matten und M. J. Pausch, *Depression, Trauma und Ängste*, https://doi.org/10.1007/978-3-658-43966-8_19

Selbsthilferessourcen: Lesen Sie Bücher oder Artikel über Angstbewältigung und Angststörungen. Es gibt viele Selbsthilferessourcen, die Ihnen bei der Selbstbehandlung Ihrer Angstsymptome helfen können. Siehe hierzu zum Beispiel das weiterführende Literaturverzeichnis im Anhang.

Unterstützung durch Vertraute: Finden Sie Menschen in Ihrem beruflichen oder persönlichen Umfeld, denen Sie vertrauen können, und sprechen Sie offen über Ihre Situation. Manchmal kann es sehr entlastend sein, mit jemandem darüber zu sprechen, selbst wenn die Person nicht professionell geschult ist.

Zeitmanagement: Bemühen Sie sich um ein effektives Zeitmanagement. Oft können Ängste in stressigen oder überlasteten Situationen verschlimmert werden. Indem Sie Prioritäten setzen und Aufgaben effizienter erledigen, können Sie Stress und Angst reduzieren.

Gesunde Lebensweise: Achten Sie auf eine gesunde Ernährung, ausreichend Schlaf und regelmäßige Bewegung. Diese Faktoren können Ihre allgemeine psychische und physische Gesundheit verbessern und zur Angstbewältigung beitragen.

Entspannungstechniken: Erlernen Sie Entspannungstechniken wie progressive Muskelentspannung oder autogenes Training, um in stressigen Situationen besser mit Ihrer Angst umzugehen.

Berufliche Unterstützung: Suchen Sie innerhalb und außerhalb Ihres Unternehmens nach beruflicher Unterstützung, ohne Ihre Angst offenbaren zu müssen. Dies kann Schulungen, Mentoring oder Coaching einschließen, um Ihnen bei der Bewältigung beruflicher Herausforderungen zu helfen.

Anonyme Hilfe: In vielen Ländern gibt es Hotlines und Onlineplattformen, auf denen Sie anonyme Unterstützung von Fachleuten erhalten können, ohne Ihre Identität preiszugeben.

Langfristige Planung: Erwägen Sie langfristig, wie Sie Ihre berufliche Position so gestalten können, dass Sie in der Zukunft mehr Raum für professionelle Hilfe haben. Dies könnte bedeuten, Ihr eigenes Unternehmen zu gründen oder in eine Position zu wechseln, in der die Offenheit bezüglich Ihrer Gesundheit akzeptabler ist.

Wichtig ist, dass Sie sich nicht scheuen sollten, professionelle Hilfe in Anspruch zu nehmen, wenn dies möglich ist. Psychische Gesundheit sollte nicht als Schwäche betrachtet werden, und es gibt professionelle Wege, um mit Angststörungen umzugehen. Falls es Ihre Situation erlaubt, sollten Sie einen Therapeuten oder Psychiater konsultieren. In vielen Ländern unterliegt die ärztliche Schweigepflicht, und Sie können diskret und vertraulich Unterstützung erhalten. Auch gibt es einige Business-Coaches, die sich zugleich auch auf die professionelle Behandlung von Angst- und Panikproblematiken wie auch Depressionen spezialisiert haben, was völlige Anonymität gewährleistet. Gerne können Sie auch uns Autoren in diesem Zusammenhang ansprechen.

Hier noch einige Beispiele, die eventuell als Gedankenanstoß hilfreich und weiterführend sind:

1. EAP-Programme (Employee Assistance Programs):

    In vielen Ländern sind EAP-Programme in multinationalen Unternehmen weit verbreitet. Diese Programme bieten Mitarbeitern und Führungskräften Zugang zu psychologischer Beratung und Therapie. Sie sind erfolgreich, da sie leicht zugänglich und vertraulich sind.

2. Digital-Health-Plattformen:

    In den letzten Jahren haben digitale Gesundheitsplattformen, die Therapie und Beratung über Apps und Onlinedienste anbieten, an Popularität gewonnen. Sie sind erfolgreich, da sie Flexibilität und Privatsphäre bieten.

3. Führungskraft-Entwicklungsprogramme:

    Einige Organisationen bieten spezielle Programme für ihre Top-Manager an, die auf Prävention und Stressbewältigung ausgerichtet sind. Diese Programme kombinieren Coaching, Schulungen und Psychotherapie.

4. Anonyme Dienste:

    In einigen Ländern gibt es anonyme Dienste, bei denen Führungskräfte diskret psychologische Unterstützung erhalten können, ohne ihren Namen oder ihre Position offenlegen zu müssen.

Womöglich können Sie durch eine kurze Internetrecherche einen solchen Dienst für sich ausfindig und nutzbar machen. Hauptsache ist, dass Sie aktiv werden. Sehen Sie Ihre Ängste nicht als Schwäche, sondern als Ressource für Stärke, denn Sie geben Ihnen strategische Vorteile gegenüber Ihren Wettbewerbern, die diese niemals in dieser Form haben und nutzen werden können. Sie mögen dies vielleicht im Augenblick selbst noch nicht sehen können. Aber haben Sie Vertrauen.

MIX
Papier aus verantwortungsvollen Quellen
Paper from responsible sources
FSC® C105338

FSC
www.fsc.org

If you have any concerns about our products,
you can contact us on
ProductSafety@springernature.com

In case Publisher is established outside the EU,
the EU authorized representative is:
Springer Nature Customer Service Center GmbH
Europaplatz 3, 69115 Heidelberg, Germany

Printed by Libri Plureos GmbH
in Hamburg, Germany